KB200600

크리스천의 재무 테라피

크리스천의 재무 테라피

지은이 | 정우식
초판 발행 | 2020. 11. 25
등록번호 | 제1988-000080호
등록된 곳 | 서울특별시 용산구 서빙고로65길 38
발행처 | 사단법인 두란노서원
영업부 | 2078-3352   FAX | 080-749-3705
출판부 | 2078-3331

책값은 뒤표지에 있습니다.
ISBN 978-89-531-3906-0 03230

독자의 의견을 기다립니다.
tpress@duranno.com   www.duranno.com

두란노서원은 바울 사도가 3차 전도여행 때 에베소에서 성령 받은 제자들을 따로 세워 하나님의 말씀으로 양육하던 장소입니다. 사도행전 19장 8-20절의 정신에 따라 첫째 목회자를 돕는 사역과 평신도를 훈련시키는 사역, 둘째 세계선교(TIM)와 문서선교 (단행본·잡지) 사역, 셋째 예수문화 및 경배와 찬양 사역, 그리고 가정·상담 사역 등을 감당하고 있습니다. 1980년 12월 22일에 창립된 두란노서원은 주님 오실 때까지 이 사역들을 계속할 것입니다.

정우식
지음

누림과 나눔이 균형 잡힌 건강한 마음

크리스천의 재무 테라피

재무 심리
유형 검사(NPTI)
설문지 수록

40th
두란노

이제 제 나이 육십이 되었습니다. 인생 100세 시대라지만 짧은 생은 아니었으니 이제 세상의 이치를 조금 깨달은 것 같습니다. 이 글을 쓰면서 지나간 시간들이 주마등처럼 스쳐 갔습니다. 어릴 때는 철이 없었고 젊었을 때는 세상 물정을 모르고 살았습니다. 인생의 주요 순간마다 선택한 것들이 내 삶을 바꿔 놓았고, 그 바뀐 환경에서 또 열심히 살았습니다. 이런 게 인생이라 생각합니다. 다들 그렇게 살고 있을 것입니다.

어떤 사람은 돈보다 명예를 위해 살고 어떤 사람은 돈을 우상시하면서 삽니다. 또 다른 사람은 목적 없이 방황하며 삽니다. 그런데 살아 보니 이 세상은 돈이 아주 중요하고 영향력이 매우 강한 존재라는 것을 알게 되었습니다. 조금만 일찍 돈을 알았다면 지금과 다른 인생을 살 수 있었을 것이란 생각도 하게 됩니다.

성공하는 사람들은 성공하는 행동을 하고 실패하는 사람들은 실패하는 행동을 합니다. 부자와 가난한 자도 마찬가지입니다. 부자는 부자가 되는 행동을 하고 가난한 자는 가난해지는 행동을 합니다. 이 행동을 끌어내는 것이 마음입니다. 그래서 저는 세계 최초로 NPTI, 돈의 심리 검사 프로그램을 개발했습니다. 이 검사를 통해 지금까지 수만 명의 사람들이 자신을 알게 되었고 돈에 대한 잘못된 마음과 행동을 개선하게 되었습니다.

매일 돈 때문에 울고 웃는 세상에서 저는 모든 사람이 부자가 되었으면 좋겠습니다. 돈 걱정 안 하고 살았으면 좋겠습니다. 그러려면 먼저 돈에 대한 자신의 생각과 태도를 이해하는 것이 중요합니다. 그런 다음 부자가 되는 원리를 알고 실천으로 옮기면 됩니다.

세상에는 많은 전문가들이 있고 그들마다 자신의 성공 스토리를 들려줍니다. 나는 이렇게 사업을 해서 성공했다, 나는 이렇게 투자해서 많은 돈을 벌었다 식으로. 그런데 그들은 각자 자신이 경험한 것이

프롤로그

최고의 비결이라고 주장합니다. 하지만 1천억 부자가 빌 게이츠 앞에서 강의한다면 뭐라고 말할 수 있을까요? 인기 투자 강연자가 워런 버핏 앞에서 강의한다면 어떨까요?

자신의 지식이나 경험을 절대 비결인 것처럼 말하는 것은 위험합니다. 왜냐하면 자신은 성공했지만 그것을 따라 하는 사람들은 실패할 수도 있기 때문입니다. 그래서 누군가의 경험이나 방법이 아니라 부자가 되는 원리를 먼저 아는 것이 중요합니다. 그런 다음 나한테 맞는 방법을 적용하는 것이 필요합니다.

- 돈만 잘 벌면 돼! 그래서 돈 잘 버는 방법만 알려 주는 '더하기(+) 전문가'
- 돈은 관리를 잘해야 해! 그래서 체계적인 관리 방법을 이야기하는 '빼기(-) 전문가'
- 투자가 답이야! 그래서 투자 기법을 이야기하는 '곱하기(×) 전문가'
- 세상은 더불어 살아야 해! 그래서 나눠야 형통하고 부자가 된다는 '나누기(÷) 전문가'

그런데 이들 전문가는 모두 부분을 이야기하고 있습니다. 부분이 전체가 될 수는 없습니다. 독자 여러분이 이 책을 읽고 이 4가지를 균형 있게 맞춰 가기를 소망합니다. 또한 이 책이 독자 여러분에게 돈에 끌려다니지 않고 돈을 다스리며 살아가는 길라잡이 역할을 했으면 좋겠습니다.

마지막으로 이 책을 쓸 수 있게 연결 통로가 되어 준 사랑의교회 유종성 목사님께 특별히 감사드리고 고양 동산교회 나동우 목사님의 기도에 감사를 드립니다. 저의 영적 성장을 도와주는 생명의교회 김만제 목사님께도 항상 감사합니다. 이 책을 쓸 수 있는 지혜를 주신 하나님께 모든 영광을 돌립니다.

2020. 11.

정우식 장로(고양 동산교회)

목차

1장

돈의 질문

돈을 대하는 나의 마음은 무엇일까?

당신에게 돈이란?

　사람마다 얼굴 생김이 다르듯이 돈에 대한 우리 마음의 생김도 서로 다릅니다. 멋진 얼굴, 평범한 얼굴, 건강한 얼굴, 일그러진 얼굴, 화난 얼굴이 있듯이, 돈에 대한 사람의 마음도 건강한 모습, 멋진 모습, 화려한 모습, 일그러진 모습 등 다양한 생김을 갖고 있습니다.

　지금까지 몰랐던 당신의 돈에 대한 마음이 이 순간에도 당신을 부자로 혹은 가난한 삶으로 이끌고 있습니다.

　다음 도형은 돈에 대한 우리의 마음을 나타냅니다. 앞으로 각각의 유형에 대해 설명하겠지만, 이중에는 부자가 될 유형이 있고 충동구매와 과소비로 돈이 새나가는 유형이 있습니다. 적극적인 투자형이 있는가 하면 사업가 유형도 있습니다. 또 돈에 아주 소심한 유형도 있습니다.

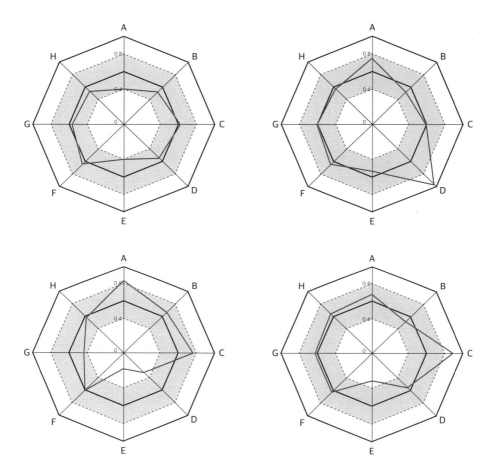

이중 어떤 유형인가에 따라 내가 평생 얻을 수 있는 부의 크기를 예측할 수 있습니다. 평생 실패해서 돈을 날릴 위험의 종류와 크기도 예측할수 있습니다. 쉽게 말해, 그 사람이 어느 정도의 부자가 될지, 투자하다가돈을 날릴지, 사기를 당할지, 아니면 충동구매와 과소비로 돈을 탕진할지를 알 수 있습니다. 당신의 돈에 대한 마음은 어떻게 생겼을까요?

좋은 돈, 이상한 돈, 나쁜 돈

"여러분 부자 되세요~ 꼭이요!"

이 광고 다들 기억하시죠? 벌써 10년이 훨씬 넘었지만 여전히 많은 사람들이 새해 인사말로 하고 있습니다. 부자 되라는 말이 최고의 덕담으로 여겨질 만큼 사람들은 부자 되기를 원합니다. 그렇다면 여러분은 부자가 되기 위해 어떤 노력을 하고 있습니까?

매일 쉼 없이 일하고 있다고요? 재테크 정보에 귀를 쫑긋 세우고 각종 금융 지식을 공부하고 있다고요? 전문가의 도움을 받고 있다고요? 그러면 부자가 될까요?

똑같이 일하고 똑같이 돈을 버는데 왜 어떤 사람은 부자가 되고 왜 다른 사람은 가난에서 벗어나지 못하는 걸까요?

그 답을 찾기 전에 먼저 한 가지 질문을 해보겠습니다. 여러분은 대체 돈에 대해 얼마나 알고 있습니까?

돈 하면 많은 사람들이 행복, 편리, 풍요같이 좋은 점을 떠올리죠. 하지만 갈등과 배신, 거짓과 부패 등 돈 때문에 생겨나는 문제도 적지 않습니다. 평생 돈 때문에 힘들지 않고 나아가 부자로 살기 위해서는 돈의 이러한 양면성을 알고 그 사이에서 적절한 균형 감각을 유지하는 것이 중요합니다. 다시 말해 돈에 대한 건강한 마음과 태도를 갖는 것이 무척 중요합니다. 이를 위해 우선 돈이 가지고 있는 속성에 대해 알 필요가 있습니다.

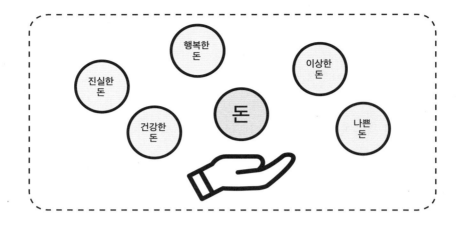

- 진실한 돈: 자신의 일에 최선을 다해서 얻은 땀 흘린 돈은 진실됩니다.
- 건강한 돈: 잘 계획해서 쓸 데와 안 쓸 데를 가려서 돈을 쓰면 건강한 돈이 됩니다.
- 행복한 돈: 돈을 투자하여 쑥쑥 커 가는 모습을 보면 행복해집니다. 또 돈으로 남을 돕거나 나누면 더욱 행복해집니다.
- 이상한 돈: 아무리 잡으려 해도 잘 잡히지 않는 수수께끼 같은 돈, 생각지도 않게 운 좋게 들어온 돈은 이상한 돈입니다.
- 나쁜 돈: 우리 삶을 한순간에 파괴하고 고통과 갈등으로 몰아넣는 돈은 나쁜 돈입니다.

돈이 우리 삶에서 나쁜 돈이 되지 않도록 하려면 다음의 속성들을 잘 알아야 합니다.

첫째, 돈은 살아 있습니다.

돈이 지갑에 있는 동전이나 지폐, 혹은 통장에 찍힌 숫자에 불과하다고 생각하십니까? 하지만 우리는 돈 때문에 울고 돈 때문에 웃습니다. 돈 때문에 행복한가 하면 절망하기도 합니다. 단지 숫자나 물체에 불과하다면 왜 이 때문에 우리 마음과 삶이 요동을 치는 겁니까? 돈은 죽어 있는 존재가 아니라 살아 있는 생명체라고 할 수 있습니다. 우리가 돈을 어떻게 다루느냐에 따라 돈은 우리를 행복하게 해주는 애완동물이 되기도 하고 우리를 고통의 나락으로 빠뜨리는 굶주린 사자가 되기도 합니다.

둘째, 돈은 스스로 성장합니다.

돈을 저축하거나 투자하면 이자나 수익이 발생합니다. 이것은 정상적인 성장입니다. 그런데 반대로 돈을 빌려 썼을 때 돈의 성장 속도는 그야말로 눈덩이처럼 빨라집니다. 돈이 정상적인 성장 궤도를 벗어나는 순간 당신의 삶은 블랙홀에 빠질지도 모릅니다.

셋째, 돈은 중독성이 있습니다.

돈 버는 재미, 돈 쓰는 재미, 돈 불리는 재미 그리고 돈으로 주변과 사람을 움직이는 재미까지 돈의 마력은 엄청납니다. 여기에 길들여지면 중독이 되어 버립니다.

넷째, 돈은 방심하면 문제를 일으킵니다.

돈은 모으는 것보다 쓰는 것이 훨씬 쉽습니다. 다시 말해 돈은 소비

지향적입니다. 그런데 이런 돈의 속성에 자제력 없이 휘둘리다 보면 점점 더 큰 소비 욕망에 빠져들게 됩니다. 그러다 보면 카드가 연체되고 빚을 무리하게 끌어다 쓰게 되고 인생이 점점 꼬이게 됩니다.

다섯째, 돈은 독성이 강합니다.

많은 사람들이 로또와 도박, 경마 등에 빠집니다. 쉽게 얻을 수 있는 것처럼 사람들을 유혹하는 돈의 속성 때문이죠. 날카로운 가시를 품고 있지만 눈부시게 아름다운 장미처럼 돈은 쓰디쓴 독성을 숨긴 채 사람들을 유혹합니다.

돈이면 안되는 것이 없다고 생각합니까? 돈을 벌 수만 있다면 수단은 중요하지 않다고요? 돈은 이렇게 사람들의 욕심을 부추겨 서로 속이고 배신하게 만들어 인간관계를 파괴시킵니다. 돈이 지닌 이러한 독성을 다스리지 못하면 아무리 돈이 많아도 결코 행복할 수 없습니다.

___ 건강한 재무 심리가 필요하다

어떻습니까? 이러한 돈의 속성에 대해 공감이 됩니까?

우리 각자가 갖고 있는 돈에 대한 생각과 태도를 '재무 심리'라고 합니다. 평소에는 우리의 잠재의식 속에 존재해 잘 드러나지 않다가 돈과 관련된 활동 즉 재무 행동을 할 때면 직접적인 영향을 끼치는 것이 재무 심리입니다.

《푼돈에 매달리는 남자 큰돈을 굴리는 남자》(How rich people think: Steve Siebold)는 세계에서 가장 부유한 1200명을 대상으로 연구한 내용입니다. 이에 따르면, 부자를 만드는 건 그의 배경이나 IQ 같은 것이 아니라 사고방식, 그중에서도 돈을 보는 시각이라고 합니다. 돈의 중요성을 인식하고 돈에 대해 긍정적인 시각을 갖고 있는 사람들은 그렇지 않은 사람들에 비해 부자가 될 가능성이 훨씬 높다는 것입니다. 바로 건강한 재무 심리가 필요하다는 겁니다.

그렇다면 사람마다 각기 다른 재무 심리를 갖게 되는 이유는 무엇일까요?

그것은 환경적 요인이 가장 큽니다. 한 사람의 성격이나 인성은 가족과 주변 인물들의 영향을 받아 형성되죠. 돈에 대한 개념 역시 마찬가지입니다. 재무 심리는 특히 부모로부터 자녀에게 대물림되는 특성이 강합니다. 평소 부모님이 돈에 대해 하는 말, 태도, 가치관 등이 자녀의 마음속에도 자리 잡게 되는 겁니다.

예를 들어, 부모가 "돈이 원수야" 같은 부정적인 말을 자주 했다면, 자녀는 돈에 대해 경계심을 갖거나 부정적인 생각을 갖게 됩니다. 어디를 가든 한턱 내기를 좋아하는 아버지 밑에서 자란 자녀는 그런 행동을 당연하게 여기기 쉽습니다. 충동구매를 자주 보인 부모 밑에서 자란 자녀라면 똑같은 소비 패턴을 보이기 쉽습니다. 따라서 자녀의 건강한 재무 심리를 위해서라도 부모가 먼저 건강한 재무 심리를 갖는 것이 필요합니다.

한편, 미디어의 영향도 큽니다. 책이나 TV, 영화, 인터넷 등 다양한 매체를 통해 접하게 되는 정보들이 돈에 대한 생각과 행동을 좌우하게 됩니다. 미디어에 노출되는 부자들의 화려한 삶을 동경하게 되고 일확천금을 좇는 경향을 갖는 것이 재무 심리에 영향을 미치는 것입니다.

유교 문화나 종교 등도 재무 심리에 영향을 미칩니다. 돈을 천박하거나 죄악시 여기는 것이 그것인데, 이 때문에 심리적으로 돈을 멀리하게 되는 것이죠.

또 한 가지 중요한 요인이 있습니다. 바로 개개인이 살아오면서 겪는 경험입니다. 자기가 직접 몸으로 겪은 경험은 재무 심리에 막대한 영향을 끼치게 됩니다.

미국 대공항 시대에 있었던 일입니다. 경기 불황으로 공장이 문을 닫게 되자 밀린 임금도 받지 못한 채 공장에서 쫓겨난 한 노동자의 가정에 심각한 경제문제가 발생했습니다. 그에게는 두 아들이 있었는데, 큰아들은 밀린 임금도 주지 않는 업주를 저주하고 돈으로 인해 삶이 피폐해진 것에 대해 비관하는 삶을 살게 되었습니다. 반면 작은아들은 다시는 가난을 겪고 싶지 않아서 악착같이 일하고 돈을 모아 마침내 부자가 되었습니다.

재테크로 유명한 어떤 연예인은 어린 시절 겪은 경험이 재테크의 귀재가 되게 했다고 말했습니다. 어린 시절, 아버지의 실직으로 형편이 어려워졌을 때, 그는 돈 때문에 불행해질 수 있다는 사실을 직시했습니다. 사랑하는 가족이 돈 때문에 불행하지 않았으면 좋겠다고 생각한 그는 돈을 모으기 위해 노력했고 그 돈을 잃지 않기 위해 재테크를 했다고 합니다.

이렇듯 직접 겪은 경험은 재무 심리에 강력한 영향을 미칩니다. 그런데 같은 경험이라도 재무 심리를 어떻게 형성했느냐에 따라 그 경험은 성공의 발판이 되기도 하고 인생의 걸림돌로 작용하는 트라우마가 되기도 합니다.

우리는 잘못된 재무 심리를 가지고 있으면서도 그것이 잘못된 것인지도 모른 채 살아갈 수 있습니다. 그래서 자신의 재무 심리를 아는 것은 매우 중요합니다.

한편, 시대 문화적 조류도 재무 심리에 영향을 미칩니다. 통계청 자료에 따르면, 우리나라는 1970년부터 2010년까지 40년 동안에 무려 446배의 경제성장을 이루었습니다. 이렇게 경제가 가파르게 성장하면 단기간에 큰돈을 번 사람들이 생기게 마련입니다. 부동산 시장이 급속히 커지면서 부동산으로 큰돈을 번 사람이 생겨나자 대출을 받아서라도 부동산에 투자하려는 사람들이 줄을 서게 되었고, 돈이 곧 힘이라는 배금주의가 만연하게 되었습니다. 뿐만 아니라 성실하게 일해서 부를 축적하기보다 단기간에 일확천금을 손에 쥐고 싶어 하는 경향이 나타났습니다. 남녀노소 없이 '대박'이란 말을 무시로 쓰는 것도 이런 현상을 반영하고 있습니다.

하지만 언젠가부터 경제 호황은 옛일이 되었습니다. 전 세계적인 불황이 장기화되면서 우리나라 역시 불황의 늪에 빠지게 된 것입니다. 문제는 고속 성장으로 인한 플러스에만 익숙해져 있는 재무 심리로는 이러한 마이너스 시대를 버텨 내기 어렵다는 것입니다.

불황을 이기고 안정된 삶을 꾸리기 위해서는 보다 건강하고 단단한 재무 심리가 필요합니다. 이를 위해선 불확실한 수익을 좇기보다 마이너스를 마이너스해서 플러스를 만들어 내야 합니다. 성공과 행복, 풍요와 같이 돈의 좋은 면만 일방적으로 추종할 것이 아니라, 실패의 위험과 문제를 함께 보고 현명하게 대응할 수 있어야 합니다.

또한 현대인은 소비를 조장하는 수많은 유혹에 노출되어 있습니다. 화려한 광고로 현대인의 과시욕을 부추기고, 남들이 하면 나도 해야 할 것 같은 부화뇌동의 심리를 이용해 소비를 조장하는 것입니다. 이 현란한 소비의 유혹에 자신의 재무 상황과 상관없이 속수무책 휘둘리고 있지는 않습니까? 내 상황에 맞는 건강하고 합리적인 소비 습관을 갖는 것이 필요한 때입니다.

___ 크리스천의 올바른 재무 심리는 무엇일까

특별히 크리스천은 부와 가난을 이야기하기 전에 영적 분별력을 가져야 합니다. 가장 먼저 현재 살아가는 세상은 하나님 나라가 아니라 돈과 물질 만능이 지배하는 세상이라는 것을 인식하는 것이 영적 분별입니다. 오늘날 우리는 돈이 없으면 살아가기가 너무 힘이 듭니다. 상황이 이렇다 보니 좋은 돈보다는 나쁜 돈이 위력을 발휘하기 십상입니다. 하나님을 믿는 백성은 적어도 남을 돕지는 못하더라도 도움을 받는 처지가 되어선 안 됩니다. 뿐만 아니라 나쁜 돈이 휘두르는 권세에 눌려 살아서도 안 됩니다.

또 크리스천들은 잘못된 메시지를 가지고 있는 경우가 많습니다. '돈을 사랑하지 말라'는 하나님의 말씀을 '돈을 미워하고 멀리하라'로 이해해서 돈을 벌 수 있는 기회조차 회피하는 사람들이 있습니다. '돈을 사랑하지 말라'는 돈은 사랑할 존재가 아니라 정복하고 다스릴 존재라는 의미입니다. 다시 말해 돈의 주인이 되라는 말씀입니다. 그러려면 돈의 좋은 면과 나쁜 면을 동시에 통찰하는 균형 감각이 필요합니다. 그리고 건강한 재정을 꾸리는 지혜가 필요합니다.

돈은 호시탐탐 우리를 타락시킬 기회를 엿봅니다.

아담과 하와가 뱀의 유혹에 넘어가 범죄함으로써 에덴동산에서 쫓겨난 것처럼 돈은 우리를 타락시킬 수 있습니다. 보암직도 하고 먹음직도 한 돈맛에 빠지면 세상을 다 얻은 것 같고 하나님도 필요 없는 삶을 살게 됩니다. 돈으로 둔갑한 사탄에 이렇게 농락당하면 결국 인생이 처참해집니다. 자기 힘으로 땀 흘려 돈을 벌기보다 요술 방망이를 휘둘러 일확천금을 손에 쥐고 싶다면 이미 사탄의 유혹에 농락당하고 있는 것입니다. 실제로 불법 다단계나 비트코인 투기 등에 크리스천들이 많이 연루되어 있습니다. 뿐만 아니라 하나님을 앞세워 이득을 취하려는 사람도 많습니다. 복 주시는 하나님을 부여잡고 십일조를 투자로 여기는 사람이 있는가 하면, 헌금 많이 내는 것이 축복의 증거라고 말하는 사람도 있습니다. 번 돈을 선한 일에 사용하는 것을 아까워하며 남보다 좀 더 많이 벌기 위해 애쓰는 사람은 부지기수입니다. 모두 돈을 우상으로 숭배하는 모습입니다.

그러므로 돈이 무엇인지 정확하게 알고 분별할 수 있어야 합니다. 돈의 노예가 되어 돈에 끌려다녀서도 안 되고 돈이 너무 많아 인생이 망가지는 삶을 살아서도 안 됩니다. 돈을 터부시하고 회피해서도 안 됩니다. 재정을 건강하게 만들고 그 돈으로 사람을 기꺼이 도우며 선한 영향을 끼치는 것이 성경적인 삶이며 돈을 다스리고 정복하는 길입니다.

근신하라 깨어라 너희 대적 마귀가 우는 사자같이 두루 다니며 삼킬 자를 찾나니 너희는 믿음을 굳건하게 하여 그를 대적하라(벧전 5:8-9)

___ 건강한 부자를 위한 재무 테라피

'부자가 되고 싶다.' 어쩌면 그것은 높디높은 빌딩의 꼭대기를 올라가는 것과 같을지도 모릅니다. 엘리베이터를 탈 수 있다면 쉽고 빠르게 꼭대기에 오를 수 있겠죠. 하지만 엘리베이터에 올라탈 수 있는 사람의 수는 한정되어 있습니다.

여러분은 지금 어디에 있습니까? 이미 꼭대기에 올라갔습니까? 아니면 꼭대기에 올라간 부자들을 부러워하고 있습니까? 막연히 언젠가 내게도 기회가 오겠지 하며 마냥 엘리베이터를 기다리고 있습니까?

자, 다시 한 번 생각해 봅시다. 꼭대기로 오르는 길은 엘리베이터만 있는 게 아닙니다. 한 계단 한 계단 차근차근 오르는 방법도 있습니다. 물론 그 길은 쉽지 않습니다. 하지만 운동할 때 고통의 순간을 견뎌야

몸에 근육이 생기듯 재무 심리에도 훈련을 통해 근육이 붙어야 합니다. 힘들어도 중간에 포기하지 않고 한 걸음 한 걸음 옮기다 보면 어느새 꼭대기에 올라 부자의 세상을 보게 될 것입니다.

사람은 누구나 어려운 것보다 쉬운 것을, 힘든 것보다 편한 것을, 더딘 것보다 빠른 것을 좋아합니다. 하지만 본능에 따르지 않고 절제하며 꾸준하고 성실하게 자기 길을 갈 때 재무 심리에 근육이 붙습니다. 그것은 놀고 싶고 쓰고 싶은 충동적 소비 욕구를 자제하고, 무모한 일확천금의 꿈을 좇기보다 현실을 직시하는 균형 감각을 키우는 일입니다.

그리고 여러분이 꼭 알아야 할 사실이 하나 있습니다. 재무 심리란 단지 부자가 되기 위해서만 중요한 것이 아니라는 겁니다.

돈만 많으면 행복해질까요? 평화롭던 시골 마을에 엄청난 보상금이 쏟아지면서 배신과 갈등이 난무하고 가족끼리 몸싸움도 마다 않는 일이 벌어지는 것을 우리는 흔히 봅니다. 돈은 결코 행복을 가져다주지 않습니다.

현대인은 웰빙(well-being)을 원합니다. 몸과 마음이 건강하고 삶이 평안한 것, 바로 웰빙입니다. 이제 재무에도 웰빙이 필요합니다. 단순히 부를 추구하는 것이 아니라 파이낸셜 헬스(financial health) 즉 재무 건강을 추구해야 합니다.

이제부터 우리 마음 깊숙한 곳을 들여다볼 때입니다. 돈은 나에게 무엇이고 돈을 대하는 나의 태도는 어떤 걸까요? 나의 무의식 속에는 돈에 대해 어떤 트라우마가 잠재되어 있을까요?

건전한 재무 활동과 안정적인 삶을 위해서는 돈에 대한 우리의 마음 즉 재무 심리를 제대로 알고 그중 잘못된 것들을 찾아내 올바른 방향으로 개선해 나가야 합니다. 여기서부터 행복하고 건강한 부자가 되는 길이 시작됩니다.

사랑하는 자여 네 영혼이 잘됨같이 네가 범사에 잘되고 강건하기를 내가 간구하노라(요삼 1:2)

용어 설명

• 재무 심리

재무 심리란 돈에 대한 마음의 작용과 의식 상태를 말합니다. 재무 심리는 타고난 성격과 후천적으로 학습된 경험과 습관으로 형성됩니다. 무의식 속에 자리 잡고 있어 평소에는 인식하지 못하다가 돈과 관련해 어떤 행동을 하려고 하거나 의사결정을 내리려 할 때 결정적인 영향을 미치게 됩니다. 그래서 재무 심리는 개인이 돈을 벌고 쓰고 불리고 나누는 경제활동에 직접적인 명령을 내리는 아주 중요한 역할을 합니다. 재무 심리가 건강하면 경제활동이 건강해지고 그에 따라 경제 상황도 좋아집니다. 반대로 재무 심리가 약하면 건강한 경제활동이 일어나지 않고 오히려 경제 상황이 악화됩니다.

• 재무 테라피

재무 테라피란 돈의 외적인 측면과 내적인 측면을 동시에 관리해 재정의 안정과 함께 건강한 삶을 살 수 있도록 도와주는 것을 말합니다. 부를 관리하는 기존의 재무 관리 개념에 돈에 대한 마음 즉 재무 심리를 진단하고 치료하는 개념이 더해진 것입니다. 돈에 대한 생각, 태도, 신념 등을 건강하게 변화시켜 돈으로 인한 문제를 예방하고 이미 발생한 문제로 인한 고통과 상처를 치료하며 향후 대처 능력도 키우는 코칭 영역까지 포함합니다.

사실 지금까지 개인 금융 서비스는 돈의 외적인 측면에 치중되어 있었죠. 재테크, 자산 관리, 재무 설계와 같은 부 자체에만 관심을 두고 부의 증대, 절세, 효율적 자산 분배 등 기술적인 측면에 집중해 왔습니다. 그러나 이제는 단순히 부자만 되는 것이 아니라 마음까지 행복한 삶을 만드는 것이 재무 테라피의 핵심 개념이자 목표입니다.

2장

돈의 눈
나의 재무 심리를 알아야 튼튼해진다

재무 심리 유형

　여러분은 일하는 것과 노는 것 중 어느 쪽을 더 좋아합니까? 당연히 노는 게 좋지, 뭐 그런 걸 물어보나 하는 분이 많을 것입니다. 하지만 다른 대답을 하는 사람도 분명히 있습니다. 사실 저만 해도 놀고 있으면 왠지 나태해지는 것 같고 뒤처지는 것 같아서 마음이 불안합니다. 세상에 똑같은 사람은 한 명도 없는 것처럼 노는 것보다 일하는 쪽이 마음이 편한 저 같은 사람도 있습니다. 화려한 삶보다 평범한 삶을 더 좋아하는 사람도 있고 큰 차보다 실속 있는 소형차를 선호하는 사람도 있습니다. 돈에 대한 마음 생김도 모두 같을 수 없습니다.

　부자가 되는 사람은 부자의 마음을 갖고 있고 가난한 사람은 가난의 마음을 갖고 있다고 합니다. 돈을 대하는 태도가 공격적인가, 소극적인가? 쓰고 남은 돈을 저축하는가, 쓰기 전에 저축부터 하는가? 대박과 일확천금을 꿈꾸는가, 그렇지 않은가? 돈에 대한 생각과 자세는 알게 모르게 우리의 행동과 삶에 영향을 미칩니다. 그리고 그것은 우리가 부자가 될 것인가, 가난뱅이가 될 것인가를 결정합니다.

그렇다면 부자의 마음은 무엇이고 빈자의 마음은 무엇일까요? 여러분은 어느 쪽에 더 가까울까요? 부록에 '재무 심리 유형 검사 KIT'를 수록했습니다. 다음 내용을 읽기 전에 각자 검사를 해보기 바랍니다. 그 결과를 보면서 자신을 이해하고 자신에게 적용해보기 바랍니다.

재무 심리 유형은 크게 10가지가 있습니다.

그중에 부자가 될 유형은 다음의 4가지입니다.

모험가형(A) "크게 먹으려면 일도 크게 벌려야지"

자린고비형(B) "아껴야 잘살지"

사냥꾼형(C) "어디서 돈 냄새가 나는데"

숭배형(D) "돈 돈 돈 돈이 최고야"

다음의 4가지는 가난한 자의 유형입니다.

유아형(H) "일단 쓰고 보자"

베짱이형(G) "노세 노세 젊어서 노세"

일확천금형(F) "인생은 한 방"

패자형(E) "난 뭘 해도 안돼"

이외에 '이랬다 저랬다, 왔다 갔다' 무차별형과 '공수래 공수거' 무념형도 가난한 자의 유형으로 분류됩니다. 무차별형은 8가지 기본 속성을 다 가지고 있는 반면, 무념형은 8가지 속성이 하나도 없는 경우입니다.

여기서 꼭 기억해야 할 것이 있습니다. 우리 마음속에는 부자의 마음과 가난한 자의 마음이 공존한다는 사실입니다. 두 마음 중 어떤 것이 강한가에 따라 부자가 되기도 하고 가난해지기도 하는 것입니다. 그러니 부자의 마음을 키우고 가난의 마음을 절제하는 노력이 필요합니다. 자신이 가난의 유형에 속한다고 해서 실망하기에는 아직 이릅니다.

10가지 재무 심리 유형은 각각 특징적인 속성을 갖고 있는 동시에 재무 위험성을 갖고 있습니다. 그리고 그에 따른 재무 테라피 전략이 있습니다.

부자의 재무 심리

__ 모험가형 "크게 먹으려면 일도 크게 벌려야지"

모험가형은 크게 벌고자 돈을 창출하는 속성을 갖고 있습니다. 매우 적극적으로 돈을 벌고자 하고 그런 만큼 열심히 일합니다.

• 아메리카 대륙을 발견한 콜럼버스처럼 도전과 모험을 즐긴다

2장 돈의 눈

- 돈을 크게 벌려는 속성이 강하다
- 새로운 것에 대한 호기심이 많다
- 리더십과 승부욕, 추진력이 강하다
- 가정적이기보다 성공지향적이다

맞습니다! 부자가 되려면 돈에 대해 적극적이고 열정적이어야 합니다. 모험가형은 부자가 되고자 하는 열정도 충만하고 매우 적극적입니다. 이 유형은 큰돈을 벌고자 하므로 위험을 감수하는 공격적인 투자를 합니다. 문제는 디테일에 약하다는 것입니다. 치밀함이나 계획성이 떨어지다 보니 투자에 앞서 내용을 꼼꼼히 따져 보지 않습니다. 뿐만 아니라 위험 대처 능력도 낮습니다. 이 유형은 자신감이 지나친 데다 수익에만 관심을 갖다 보니 큰코다칠 위험이 있습니다. 따라서 철저한 위험 관리가 필요합니다.

딱 난데 하는 분도 있겠죠? 제 주변에도 모험가형이 몇 명 있습니다. 이들은 부자가 될 가능성도 크지만 그런 만큼 위험성도 높습니다.

이 모험가형의 속성이 강하면 돈을 벌기 위해 불철주야 일만 하는 워커홀릭이 되기 쉽습니다. 반면에 이 속성이 약하면 아예 일하지 않고 놀기만 하려는 베짱이가 될 수 있습니다.

___ 자린고비형 "아껴야 잘살지"

자린고비형은 무조건 돈을 지키는 것이 중요한 유형입니다. 이것이 마음속 문지기 역할을 해서 근검절약이 인생 모토입니다.

- 돈에 대해 정확하고 빈틈이 없다
- 돈을 벌기 위해서라면 쉬지 않고 일한다
- 번 돈은 절대 헛되이 쓰지 않는다
- 현재보다는 미래를 위해 저축하는 재미를 아는 짠돌이 짠순이들이다

자린고비형은 부자가 되기 위해 꼭 필요한 속성입니다. 하지만 아무래도 남을 배려하거나 나누는 데 인색하다 보니 인간관계가 원활하지 못하기 쉽습니다.

그런데 자린고비형의 속성이 약하면 돈이 자기도 모르게 새나가기 십상입니다. 열심히 일해서 돈을 벌기는 하는데 이후에 돈이 어디로 갔는지 오리무중이라는 사람들은 이 속성이 약하기 때문입니다. 지나치면 자린고비가 되지만 건강한 수준의 근검절약은 꼭 필요합니다.

___ 사냥꾼형 "어디서 돈 냄새가 나는데"

사냥꾼형은 돈을 불리고자 투자나 재테크에 관심이 높은 유형입니다.

- 돈을 잡으려고 따라다니는 유형이다
- 어떻게 하면 돈을 벌 수 있을까, 돈 버는 정보에 아주 민감하다
- 투자에 대해 항상 연구하고 공부해 나름의 투자 원칙을 갖고 있다
- 안전한 저축보다 고수익 투자상품을 선호하여 위험성도 상당하다

펀드 매니저나 M&A 전문가들 중 이런 사냥꾼형이 많습니다. 하지만 자신이 직접 투자에 관여하고 싶어 하므로 전문가의 조언을 무시하는 경향이 있습니다. 그 때문에 충동 매수를 하거나 불확실한 정보를 좇다가 낭패를 보는 경우도 많습니다.

사냥꾼형의 속성이 약하면 재테크나 투자에 관심을 두지 않거나 아예 회피해 버립니다. 당연히 돈이 불어나지 않고 깊게 잠을 자기 쉽습니다.

요즘같이 저금리 시대에는 투자가 필수입니다. 자신에게 이 속성이 강하다면 투자 실패를 막는 위험관리에 철저해야 합니다. 반면에 이 속성이 너무 약하다면 도전이 필요합니다.

숭배형 "돈 돈 돈 돈이 최고야"

숭배형은 돈이 너무나 중요해서 악착같이 돈을 소유하려는 유형입니다. 유명한 구두쇠 스크루지처럼 돈에 대한 애착이 매우 강합니다.

- 돈이면 안되는 것이 없다

- 돈을 벌 수 있다면 수단과 방법을 가리지 않는다
- 돈이 곧 힘이고 신이다
- 인색하고 메말랐다는 소리를 듣는다

물론 돈이 중요하고 귀하다는 것을 알아야 부자가 될 수 있습니다. 하지만 이런 성향이 지나치면 사람보다 돈이 우선되고 그러다 보면 돈 때문에 사람을 잃을 수 있습니다.

사실 저도 돈 때문에 서럽고 어려운 시절을 꽤 겪었습니다. 하지만 돈이라는 게 무조건 좇아가고 움켜쥔다고 해서 다 내 것이 되는 것은 아닙니다.

반면에 돈을 경시하거나 멀리하는 것도 문제입니다. 당연히 돈이 오지 않습니다. 이것이 지나치면 가난의 맹세를 하게 됩니다. 지나친 숭배도 지나친 가난의 맹세도 균형을 잃은 것입니다.

숭배형의 속성이 높다면 나누려 노력해야 합니다. 커피 한 잔이라도 나누는 마음을 가질 때 사람을 잃지 않고 행복한 삶을 살 수 있습니다. 한편, 숭배형이 지나치게 약하다면, 돈과 친해지려고 노력할 필요가 있습니다. 잘 살피고 다루는 능력을 키워 돈을 정복하고 다스릴 수 있어야 합니다. 그렇지 않으면 가난에서 벗어나지 못할 것입니다. 단, 성직자는 예외입니다.

___ 유아형 "일단 쓰고 보자"

유아형은 돈을 충동적으로 쓰는 속성입니다. 돈 무서운 줄도 돈 때문에 어려운 일을 겪은 적도 없는 그야말로 공주과 유형입니다. 이 유형은 미래에 대해 낙관적이며 현재의 행복을 추구합니다. 그런데 돈 문제가 생기면 스스로 해결하기보다 부모 형제 등 주변 사람들에게 의존하는 경향이 있습니다.

- 어렵고 복잡한 것은 싫다
- 충동적인 성향이 크다
- 돈은 쓰려고 버는 거다
- 사고 싶은 물건을 사지 못하면 화가 난다
- 숫자나 이자율 등을 계산하기 싫다
- 때때로 미래에 대한 걱정은 하지만 실행이 잘 안 된다

유아형은 남성보다 여성에게 많이 나타나는 유형으로 한마디로 돈에 대해 미성숙한 어린아이 같은 유형입니다. 체계적이고 합리적인 소비 습관을 갖지 못해 미래를 위한 저축이 부족하고 항상 돈에 허덕일 위험성이 있으므로 재무 테라피 전략이 더욱 필요한 유형입니다.

유아형과 정면으로 반대되는 유형이 숭배형입니다. 숭배형이 돈을 너무 중요하게 여긴다면 유아형은 돈을 너무 우습게 보는 경향이 있습니다. 현재의 행복도 중요하지만 좀 더 계획적인 소비 습관을 갖고 미래를 구체적으로 대비하는 자세가 필요합니다.

베짱이형 "노세 노세 젊어서 노세"

베짱이형은 열심히 일하기보단 쉽게 돈 벌어 편하게 살고 싶어 하는 그야말로 베짱이 같은 유형입니다. 이들의 게으름은 돈 벌 기회도 날려버리곤 합니다.

- 돈은 벌고 싶지만 내가 적극적으로 나서기는 싫다
- 쉽게 돈 벌 수 있다는 상품에 관심은 있지만 이것저것 알아보기가 귀찮다

투자도 누군가에게 맡기고 알아서 해달라고 합니다. 그렇다 보니 중복투자할 가능성이 높고 그로 인해 손해를 볼 수 있습니다.

이 유형에 해당된다고 생각한다면 앞으로 좀 더 열심히 살아야 하지 않을까요? 잘 안 된다고요? 당연히 그럴 겁니다. 하지만 이런 당신의 속성이 돈 때문에 고통받는 인생을 살게 한다면 바꿔야 하지 않을까요?

그러려면 건강한 재무 심리 근육을 키워야 합니다. 그 방법은 본능이 좋아하는 것을 따르지 않고 본능이 하기 싫어하는 것을 따르는 것입니다. 본능을 따르면 파멸이고 본성을 거스르면 성공과 부요가 기다립니다.

___ 일학천금형 "인생은 한 방"

일학천금형은 빨리 큰돈을 벌고 싶어 하는 유형으로 이 성급함 때문에 돈을 날릴 위험이 있습니다. 조금씩 차근차근 돈을 모으는 것이 성이 안 차다 보니 안정적인 투자보다는 고수익 고위험에 투자하는 경향이 있습니다. 장기상품보다는 단기상품, 남에게 맡기기보다는 직접 투자를 선호합니다. 도박이나 다단계 등에 빠질 위험이 높은 유형이기도 합니다.

- 빨리 큰돈을 벌어 인생 멋지게 살고 싶어 한다
- 티끌 모아 태산을 이루기보다 크게 한 방을 추구한다

누군들 한 방에 큰돈을 벌 수 있다면 그걸 마다하겠습니까? 하지만 달콤한 유혹에는 그만큼 위험과 대가가 따르게 마련이죠. 크게 벌려다가 오히려 큰돈을 날리고 패가망신하기 쉽습니다. 제 주변에도 큰돈을 벌 수 있다는 말에 혹해서 섣불리 투자를 결정했다가 실패의 쓴맛을 보고 후회하는 분들이 많습니다. 이런 사람들의 특징이 다른 사람의 이야기에 부화뇌동한다는 것입니다. 적당한 속도로 페이스를 조절하는 지혜가 필요합니다.

만일 이런 속성이 강하다면, 적극적이어서 빨리 부자가 될 수도 있지만 잘 관리하지 않으면 한꺼번에 날려 버릴 수도 있다는 사실을 명심하시기 바랍니다.

___ 패자형 "나는 뭘 해도 안돼"

패자형은 현재 돈 때문에 고통받고 있는 마음 상태를 나타냅니다. 이 유형의 사람들은 현재 사업에 실패했거나 신용불량 상태에 있는 경우가 많습니다. 현재 경제적 문제로 미래를 준비할 수 없는 탓에 미래에도 경제적 위험을 겪기 쉬운 유형입니다.

- 현재 경제적으로 어려운 상황이다
- 투자나 저축은 사치, 부채 해소가 주 관심사다

실패 없는 인생은 없습니다. 남부럽지 않은 성공을 누리는 사람들이 부럽겠지만, 사실 그들도 오늘날 그 자리에 오르기까지 무수한 실패와 좌절을 겪었을 것입니다. 그러니 실패만 거듭되는 인생은 없습니다. 중요한 것은 그 실패에서 무엇을 배울 것인가입니다. 그리고 다시 일어설 수 있는 의지를 가졌는가입니다.

우리나라 세 가정 중에 한 가정이 가계 부채로 심각한 고통을 받고 있다고 합니다. 현재 부채 문제 해결을 위해 채무 조정이나 개인파산 신청 등 구제 제도를 활용하는 한편, 다시는 실패하지 않기 위해 자기 안의 가난의 속성을 제거하는 데 집중할 것을 권면합니다.

아직 패자형에 해당되지 않는다고 안심하고 있습니까? 방심은 절대 금물입니다. 당신 안에 가난의 재무 심리가 있다면 언제라도 패자형이 될 수 있습니다.

2장 돈의 눈

___ 무차별형 "이랬다 저랬다, 왔다 갔다"

무차별형은 앞에서 설명한 8가지 속성을 모두 가지고 있습니다. 돈을 벌기도 하고 날리기도 하다가 현재는 돈 문제에 빠져 있는 유형입니다. 돈에 대해 욕심도 있고 따라다니기도 하며 모으기도 합니다. 하지만 게으른 성향과 일확천금을 좇는 탓에 실패하기가 쉽습니다.

• 좌충우돌 돈키호테

이 유형의 사람들은 돈의 중요성과 위력을 잘 알고 있지만 가난의 성향도 가지고 있어서 부자가 되기 어렵습니다. 이들은 어느 하나에 꾸준하게 몰두하기보다 이것저것 가리지 않고 투자하는 탓에 실패하기 쉽습니다. 철저한 점검과 계획이 없다면 미래에 더 큰 위험에 빠질 수 있습니다.

이런 유형에 해당된다면, 우선 당장의 돈 문제 해결에 주력할 것을 조언합니다. 그리고 자기 안에 있는 부자의 마음을 깨우고 더욱 강하게 하여 열심히 일하는 한편 근검절약하여 오늘의 위기를 극복할 것을 권면합니다.

___ 무념형 "공수래 공수거"

무념형은 성실히 살지만 돈에 대해 욕심이 없고 무관심합니다. 적극적으로 돈을 벌지도 않지만 그렇다고 펑펑 쓰지도 않습니다. 즉 주어진 상황에 만족하는 성향이다 보니 재무 목표 금액도 많지 않고 투자 성향도 소극적입니다. 크게 위험하지도 않지만 부자가 되기도 어렵습니다.

- 전반적으로 돈에 대한 욕심이나 악착같음이 없다

돈이 지배하는 이 치열한 세상에서 뱀처럼 지혜로울 필요가 있어 보이는 유형입니다.

어떻습니까? 자신의 유형이 무엇인지 이해하셨습니까? 무엇이 장점이고 무엇이 문제인지 진단할 수 있었습니까?

다시 한 번 강조하지만 나의 재무 심리 유형은 영원불변이 아니라는 사실입니다. 재무 심리는 나의 노력과 의지에 따라서 얼마든지 바꿀 수 있습니다. 그러니 지금 가난의 속성이 강하다고 해서 좌절할 필요가 없습니다. 내게 부족한 부자의 속성을 키우면 됩니다. 재무 테라피가 그 방법을 제시해 줄 것입니다.

다음의 표를 보면서 한 번 더 자신의 재무 심리를 점검해 보기 바랍니다. 그리고 개선을 위해 노력하기 바랍니다.

재무 심리 유형별 특성과 테라피

구분	속성	역할	평상시 행동	심할 경우 (재무 장애)	테라피(처방)
돈이 들어오게 하는 마음 (부자 마음)	모험가형	돈을 벌려고 적극적으로 행동하게 한다.	열심히 일한다. 도전한다.	일중독	항상 실패와 위험관리를 철저히 하라.
	자린고비형	돈을 헛되이 안 쓰고 아끼고 모으게 한다.	절약한다. 저축한다.	저소비 저장증	원만한 인간관계를 위해, 그리고 자기 자신을 위해 돈을 쓰라.
	사냥꾼형	재테크나 투자 등을 통해 돈을 불리게 한다.	주식, 펀드, 부동산 등에 투자를 한다.	투자 중독	투자 실패 위험에 주의하라.
	숭배형	돈을 더 많이 소유하려고 악착같이 굴게 한다.	돈이라고 하면 제일 먼저 달려간다. 돈에 악착같다.	저소비	돈에 지배당하지 말고 돈을 지배하라.

돈을 없애는 마음 (가난의 마음)	유아형	돈을 내버리게 한다.	쇼핑한다. 여행한다.	충동구매 과소비 의존성	계획된 소비를 하라. 가계부를 쓰라.
	베짱이형	돈이 새고 돈을 못 벌게 한다.	일을 안 하려고 한다. 귀찮아 한다.	충동구매 과소비 의존성	미루지 말고 철저히 돈 관리를 하라.
	일확천금형	무리수를 두게 한다.	급하다. 위험한 투자를 한다.	투기, 도박	투자 실패, 사기 피해, 사업 실패를 조심하라.
	패자형	돈으로 인한 심각한 고통을 겪게 만든다.	우울증을 겪는다.	정신적·육체적 질병	부채 탈출을 위한 제도적 지원 및 자 구안을 마련하라.

3장

돈의 길

잘못된 행동을 유발하는 장애물을 없애라

부의 길 vs. 가난의 길

　당신의 부와 가난을 결정하는 재무 심리, 그 재무 심리가 말하는 당신의 모습은 어떻습니까?

　자꾸만 잘못된 재무 행동을 반복한다면, 그것은 당신의 마음속에 잘못된 행동을 유발하는 재무 장애가 있다는 증거입니다. 돈이 말하는 당신의 현재와 미래, 궁금하지 않습니까? 이제부터 여러 가지 사례를 통해 자신을 발견해 보시기 바랍니다.

　재테크의 달인이라 불리는 연애인 A씨의 재무 심리 유형은 다음과 같습니다.

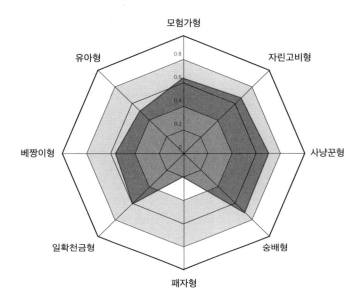

모험가형, 자린고비형, 사냥꾼형, 숭배형의 4가지 부자 유형을 다 가지고 있으나 가난의 유형은 하나도 없습니다. 평소 그의 생활과 일치하는 모습입니다.

이 진단 결과로 유추해 보면, A씨는 돈이 인생에서 제일 중요하다고 생각하고, 재테크나 투자 등을 통해 돈을 불리려 하며, 돈을 쓰기보다는 안 쓰려 하고, 돈을 모으는 재미에 빠져 있으며, 사업을 해서 큰돈을 벌고 싶어 합니다. 또 돈 무서운 줄 아는 성숙한 태도를 가지고 있으며 돈을 벌기 위해 아주 열심히 일하는 전형적인 부자의 심리를 가진 유형입니다.

여러분의 재무 심리는 어떤 모습입니까?

재무 심리 유형 해석하기

여러분은 이미 부록에 있는 재무 심리 유형을 진단받았을 것이고, 그 결과를 가지고 있을 것입니다. 지금부터 진단받은 유형을 해석하는 방법을 알려 드리겠습니다.

다음 도표는 '재무 심리 다이어그램'입니다(부록에도 실었습니다). 그중에서 가운데쯤에 0.6이라고 표시되어 있는 선이 자신이 이 유형에 속하는지 아닌지를 가르는 일종의 기준입니다. 8가지 유형 중 자신에게 해당되는 성향의 개수가 3개일 때 해당합니다. 어떤 유형에서 이 기준치보다 많은 개수가 나왔다면 자신이 그 재무 심리 유형에 속해 있다고 보면 됩니다.

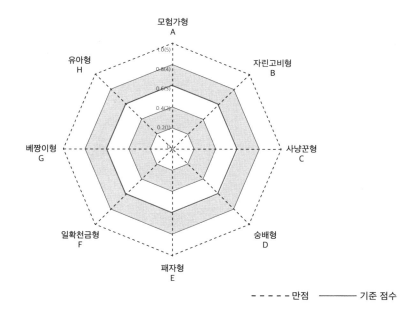

3장 돈의 길

예를 들어, 자린고비형(B)의 해당 개수가 3개 이상이면 근검절약의 속성을 가졌고, 유아형(H)의 개수가 3개 이상이라면 돈 무서운 줄 모르고 돈 쓰기 좋아하는 유아적 속성을 가졌다는 의미가 됩니다. 개수가 많을수록 그 속성이 더욱 강하다고 볼 수 있습니다.

각각의 유형에 나타난 나의 점수는 내가 가진 부의 크기와 위험의 크기를 예측하게 해줍니다. 즉 모험가형과 자린고비형, 사냥꾼형, 숭배형의 4가지 부자 유형을 연결한 면적이 자신의 부의 크기가 됩니다. 반면에 유아형, 베짱이형, 일확천금형, 패자형의 4가지 가난의 유형을 연결한 면적은 위험의 크기를 말해 줍니다. 그리고 각각의 유형에서 기준치를 넘어서는 만큼 부의 크기나 위험도도 증가합니다.

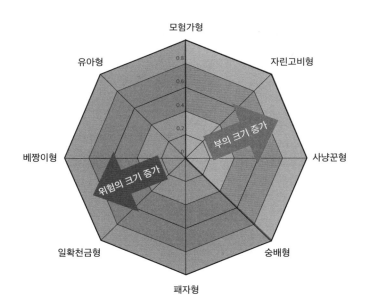

그런데 대부분의 사람들은 재무 심리 유형이 단일하기보다 여러 가지 속성이 복합적으로 나타납니다. 재테크의 달인 연애인 A씨와 같이 부자의 유형 4가지가 다 나타나는 사람이 있는가 하면, 두어 가지 속성만 강하게 나타나는 사람도 있습니다.

우리나라 사람들에게 유독 많이 나타나는 재무 유형이 있다고 합니다. 다음 표는 NPTI연구원에서 약 3천 명을 대상으로 실시한 재무 심리 진단 결과를 분석한 것입니다.

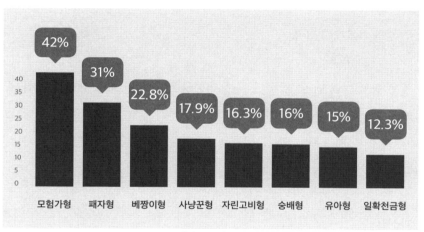

출처: NPTI연구원

전체 응답자 중 무려 42%가 모험가형의 속성을 갖고 있는 것으로 나타났습니다. 우리나라 사람들이 돈에 대해 상당히 도전적이고 모험적인 성향을 갖고 있다는 의미라고 할 수 있습니다.

3장 돈의 길

다음으로 많은 유형이 패자형입니다. 많은 가정이 가계부채 등으로 고통받고 있음을 알려 주는 결과인 듯합니다. 그다음으로 편하고 쉽게 돈을 벌려는 베짱이형과 재테크나 투자로 돈을 벌려고 하는 사냥꾼형, 자린고비형이 순위에 차례로 올랐습니다. 일확천금형이 가장 낮은 비중을 차지했는데, 그마저도 12.3%로 꽤나 높은 비율입니다. 인생은 한 방이라 쉽고 크게 돈을 벌고 싶어 하는 사람이 이렇게나 많은 것입니다.

재무 장애의 9가지 유형

재무 장애(Disorder)란 잘못된 재무 행동들을 유발해 재정 상태를 악화시키거나 행복한 삶을 방해하는 심리를 말합니다. 저소비, 일중독, 충동구매, 과소비, 저장증, 퍼주기, 가난의 맹세, 도박, 의존증 등 총 9가지가 있습니다.

___ 저소비

과소비와 반대되는 개념입니다. 꼭 필요한 지출까지도 하지 않으려는 행동을 말합니다. 저소비의 원인은 미래에 대해 비관적으로 바라보는 경향 때문인데, 무엇보다 경제적 불안과 두려움이 큽니다. 심하면 돈을 안 쓰기 위해 굶기도 하고 아파도 병원에 가지 않습니다. 이러한 저소비는 삶을 황폐하게 만들고 인간관계도 악화시켜 스스로 고립되게 만듭니다.

　자신이 저소비를 나타내고 있다면, 무엇보다 저소비가 재무 장애라는 사실을 인정하고 돈 걱정과 불안을 제거하기 위해 현실적으로 차근차근 준비해 가야 할 것입니다. 또한 주변에 "너무 짠돌이야, 찔러도 피한 방울 안 나오겠다, 돈 좀 쓰고 살아라"는 비난을 듣는 사람이 있다면, 같이 동조해서 비난하기보다 그의 내면에 깃든 불안을 해소해 주려는 노력을 하면 좋겠습니다.

＿ 일중독

　일중독이란, 사생활까지 희생하면서 일에 지나치게 몰두하는 상태를 일컫습니다. 영어로 워커홀릭(workaholic)이라고 합니다.

　재무 심리에서는 돈을 더 많이 벌려는 의지가 일중독을 유발하는 근원적인 동기라고 봅니다. 성공 지향적이고 부를 창출하려는 의지가 강할수록 일에 대한 몰입이 극대화되어 휴일이나 휴식 시간에도 편히 쉬지 못하게 됩니다. 일중독은 본인은 부자가 되고 사회적으로 성공할지 몰라도 가족관계에 문제를 일으킵니다. 뿐만 아니라 본인의 건강에도 악영향을 끼칩니다.

　한편, 일중독 역시 저소비처럼 미래에 대한 불안을 일에 몰두함으로써 해소하려는 모습일 수 있습니다.

　일중독에서 벗어나려면 주위 특히 가족의 이해와 배려가 필요합니다. 본인 또한 가정과 자신을 돌보는 데 시간을 할애하는 노력을 해야 합니다. 누구든지 일과 가정과 자신에게 시간을 골고루 나눠서 써야 균형적인 삶을 살 수 있습니다.

__ 과소비

재무 장애에서 과소비는 첫째, 자신의 재무 상태가 수입보다 지출이 많은 적자 상태를 말합니다. 둘째, 적자 경제는 아니지만 소득에 비해 소비가 지나치게 많은 경우를 말합니다. 과소비의 주 원인은 계획 없는 경제활동에 있습니다. 사전에 계획하고 예산을 세워 예산 범위 내에서 구매하는 건강한 소비행동이 아니라 무계획적으로 소비를 하는 것입니다.

재무 심리 측면에서 과소비는 돈을 내버리는 속성으로 자신과 가정 경제에 재무 위험을 증대시키는 영향을 끼칩니다.

과소비를 치료하기 위해서는 우선 자신과 가정의 종합적인 재무 목표를 세우고 그 달성을 위해 철저한 예산 관리 시스템을 구축하여 자신의 수입과 지출을 계획적으로 실천하는 것이 필요합니다.

반드시 가계부를 써야 하는데 가능하면 손으로 기록할 것을 권합니다. 하루하루의 수입과 지출을 직접 기록하다 보면 돈의 흐름을 실시간으로 파악할 수 있을 뿐 아니라 그것을 몸으로 체득하는 효과가 있기 때문입니다. 이 시간이 쌓이다 보면 계획적인 경제활동이 귀찮은 것이 아니라 즐거움으로 바뀌게 될 것입니다. 이러한 습관은 자녀에게도 좋은 영향을 주어 건강한 재무 심리를 대물림할 수 있습니다.

___ 저장증

강박장애의 일종으로 저장강박장애, 저장강박증후군 또는 강박적 저장증후군이라고도 합니다. 어떤 물건이든지 사용 여부에 관계 없이 계속 저장하고, 그렇게 하지 않으면 불쾌하고 불편한 감정을 느낍니다. 이는 습관이나 절약 또는 취미로 수집하는 것과는 다른 의미로 심한 경우 치료가 필요한 행동 장애입니다.

저장증은 몇 가지 측면에서 고려될 수 있는데 첫째, 물건의 경제적 가치를 생각해서 버리지 못하는 경우로 충동구매, 과소비 등이 그 원인일 수 있습니다. 둘째, 추억이 담긴 물건이라 애착이 생겨 버리지 못하는 경우입니다. 하지만 표면적인 이유는 추억이지만 내면적인 이유는 생각이 과거에 매어 있기 때문입니다. 과거는 후회와 미움 등 마음의 상처를 남김으로써 미래를 향해 나아가는 데 발목을 잡는 경우가 많습니다. 아무리 아름다운 추억이라도 과거는 과거일 뿐, 보다 밝은 미래를 위해 희망과 열정 등을 마음에 채우는 것이 삶을 변화시키는 원동력이 됩니다.

재무 심리에서 저장증은 복잡한 정신 상태를 반영한다고 봅니다. 복잡하게 정리 정돈되지 않은 정신 상태는 생활 속에서 많은 위험을 가져오게 됩니다. 따라서 저장증을 보이고 있다면 먼저 자신의 정신적, 영적 상태에 정리가 필요하다는 것을 인지해야 합니다. 동시에 주변을 정리하고 정돈하는 습관을 들여야 할 것입니다.

3장 돈의 길

___ 의존증

자신의 경제적 문제를 다른 사람들의 도움에 의지하고 자신의 문제를 남의 뒤에 숨어서 회피하려는 성향을 말합니다. 의존증은 궁극적으로 자신이 의지하는 사람이 문제를 해결해 주리라는 믿음에서 생깁니다. 내가 할 일을 미루고 있으면 누군가가 해주겠지라는 생각이 지배적입니다. 이러한 믿음은 부모의 퍼주기로부터 생기기도 하고, 도전정신과 독립심의 결여로 생기기도 하며, 책임감 결여에서 생기기도 합니다. 의존증은 상대방의 퍼주기와 아주 밀접한 관계가 있습니다. 따라서 부모라면 자녀에게 무조건 퍼줄 것이 아니라 엄격하게 훈계하고 가르쳐서 독립심을 길러 주어야 합니다.

자기 문제를 남에게 의지해서 해결하려는 태도가 결국 남에게 피해를 주는 행동임을 인지하는 것이 가장 중요합니다.

___ 충동구매

충동구매는 물건을 살 필요나 의사가 없는데도 물건을 구경하거나 광고를 보다가 갑자기 구매 욕구가 생겨 소비를 하는 행위입니다. 재무심리에서 충동구매는 자신의 미래가 아주 낙관적이고 풍요로울 것이라는 막연한 생각에서 기인한다고 봅니다. 이런 막연한 낙관주의는 미래를 위한 저축보다는 소비를 하게 만듭니다. 이와 반대로 미래를 비관적으로 생각하면 소비를 위축시켜 저소비가 나타나게 만듭니다.

한편, 충동구매는 현대의 심리 마케팅이 원인이 되기도 합니다. 고객의 심리를 분석하고 그 심리를 충동질하여 구매하게 만드는 고도의 심리 전략에 낚이면 자기도 모르게 충동구매를 하게 되는 것입니다. 홈쇼핑 방송의 쇼핑호스트의 현란한 멘트나 스마트폰 등을 통한 팝업 광고 등이 끊임없이 충동구매를 부채질하고 있습니다.

재무 심리 측면에서 충동구매는 돈을 내버리는 속성으로 자신과 가정경제에 재무 위험을 증대시키는 영향을 끼칩니다.

충동구매 치료는 과소비의 치료와 같습니다. 우선 재무 목표를 세우고 그 달성을 위해 철저한 예산 관리 시스템을 구축하여 수입과 지출을 계획적으로 실천하는 것이 필요합니다. 반드시 가계부를 작성하되 직접 손으로 기록할 것을 권합니다.

__ 퍼주기

남의 요구나 부탁을 거절하지 못해서 자신의 경제 상황과 상관없이 돈을 빌려주거나 기부하는 유형입니다. 주변에서는 착한 사람이라는 말을 들을지 몰라도 정작 나와 가정을 위기에 빠트리기 쉬운 유형입니다. 또한 퍼주는 상대에게는 의존성을 키워 오히려 건전한 삶을 방해할 수 있습니다. 무작정 퍼주는 것과 나와 가정을 위해 만반의 준비를 하면서 일부를 나누는 것은 분명 다른 것입니다.

재무 심리 측면에서 나눔은 고인 물을 썩지 않게 하는 생명수 역할을 하지만 퍼주기는 돈을 허비할 뿐입니다.

예전에 제가 TV 방송에 출연했을 때 패널 중에 한 분이 제게 이런 질문을 한 적이 있습니다.

"주변 사람들이 돈을 빌려 달라고 하는데 어떻게 해야 현명하게 거절할 수 있을까요?"

저는 그때 현명한 거절이 아니라 분명한 거절이 필요하다고 답변을 해주었습니다. 여유가 많다면 일정한 금액을 정해 놓고 그 이하라면 빌려주는 게 아니라 그냥 준다는 마음으로 주고, 그 이상이면 단호하게 거절하라고 했습니다.

거절할 수 있는 마음이 건강한 것입니다. 또한 힘든 사람들에게 대가를 바라지 않고 긍휼을 베푸는 것이 건강한 마음입니다.

___ 가난의 맹세

돈을 많이 가지는 것을 불편해하고 돈이 있으면 남들에게 나누어 주며 일도 가치에 대한 대가가 아니라 사명감으로 한다는 사람들이 있습니다. 성직자나 봉사를 사명으로 하는 사람들에게 많이 나타나는 모습입니다.

돈에 대한 지나친 강박을 가지는 것도 좋지 않지만 이렇게 돈을 밀어내는 성향 역시 재무 장애의 일종입니다. 이런 장애를 가진 분들은 청빈한 삶이 목표이기 때문에 현실적인 어려움도 당연한 것으로 여깁니다.

그런데 청빈의 기준이 뭘까요? 오늘날은 과거와 같은 청빈을 추구할 수는 없습니다. 우리나라 평균 국민소득이 1만 불 이하인 예전과 3만 불 이상인 지금은 당연히 청빈의 기준이 달라져야 합니다. 1인당 3만

불로 가정하면 평균 소득은 4인 가구를 기준으로 1년에 12만 불이 됩니다. 물론 소득의 불균형으로 인해 사실과 다르겠지만, 이 기준으로 볼 때 4인 가구 기준 월 평균 소득이 1200만 원에 육박합니다. 청빈의 삶이 수입의 50%로 사는 것이라면 한 달에 600만 원 정도를 소비해도 청빈한 삶이 됩니다. 그런데 월 평균 소득이 200만 원도 안 되면서 청빈한 삶을 살겠다는 사람이 있습니다. 그것은 청빈이 아니라 극빈이 아닌가 합니다.

___ 도박

도박은 쉽고 빨리 큰돈을 벌고 싶어 하는 속성이 강한 사람들이 갖기 쉬운 재무 장애입니다. 도박이 재무 상황과 삶을 얼마나 피폐하게 하는지는 더 설명할 필요가 없겠죠?

사례별 재무 테라피

이제 몇 가지 사례를 통해 복합 재무 심리가 어떻게 생겼는지 살펴보고 어떤 부분을 개선해야 하는지 알아보고자 합니다.

___ 다단계 사업가형

> 왕대박: 아 누군 사장할 줄 모르나! 이 기회에 확 내 사업을 차려?
> 친구: 솔직히 자네가 무엇을 하든 이것보다 못하겠어? 리더십 있지, 추진력 최
> 고지. 내가 저번에 말한 사업 말이야, 그거 정말 대박이라니까!

평소 입만 열면 사업하겠다고 큰소리치던 왕대박 씨, 고수익 사업이라는 친구의 말만 믿고 사업을 시작했습니다.

"이번에 한 번만 도와주세요. 남자가 일을 크게 벌려야 크게 벌지 쩨쩨하게 해봐야 쩨쩨한 돈밖에 못 번다니까요."

사업 초기 일이 잘 풀리자 왕대박 씨는 신이 나서 주변 사람들에게까지 돈을 빌려 사업을 확장하게 되었습니다.

과연 왕대박 씨의 재무 심리 유형은 어떤 것일까요? 그의 좋은 시절은 계속될 수 있을까요?

왕대박 씨를 위한 재무 테라피

왕대박 씨의 재무 심리 유형은 돈을 많이 벌려는 모험가형과 함께 빨리 큰돈을 벌고 싶은 일확천금형, 쉽고 편하게 돈을 벌고 싶어 하는 베짱이형, 돈 무서운 줄 모르고 주변 사람들에게 의지하려는 유아형이 복합적으로 나타나고 있습니다.

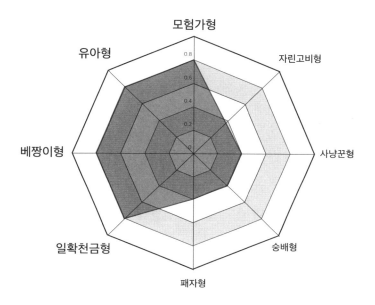

왕대박 씨는 무슨 일을 하더라도 오래가지 못하는 속성을 가지고 있습니다. 또한 다단계나 남을 속여 돈을 버는 사기 등의 범죄 유혹에 빠지기 쉬운 속성을 가지고 있으며, 비현실적이고 소비 성향이 높은 속성을 가지고 있습니다. 추진력은 있으나 치밀함이 떨어져 매우 높은 위험소지를 안고 있습니다. 따라서 이대로 간다면 조만간에 돈 문제가 발생해서 돈으로 인한 고통 속에서 허덕이는 패자형이 될 확률이 아주 높습니다.

심리학자 이안 로버트슨(Ian Robertson) 교수에 따르면, 인간은 본능적으로 통제감을 갖고 싶어 한다고 합니다. 통제감이란 자기 스스로 삶과환경을 통제하고 싶어 하는 마음입니다. 그런데 모험가형 사람들은 이런 통제감이 다른 유형보다 더 강한 편입니다. 다른 사람의 통제를 받는 직장인보다 나 스스로 통제권을 가질 수 있는 사업가를 원하는 것도 그런 이유에서입니다.

왕대박 씨가 해피엔딩이 된다면 더할 나위 없이 다행스러운 일이겠지만 현실은 그리 녹록하지 않습니다. 자영업자 수십만 명이 1년도 못 채우고 가게를 닫는 것이 우리의 현실이니 말입니다.

그래서 하루에도 열두 번씩 직장 때려치우고 사업이나 할까 하는 모험가형들에게 전문가들은 이렇게 조언합니다. 일단 자신의 일상에서 통제감을 창조해 보라고 말입니다.

좀 더 구체적으로 설명해 볼까요?

우선, 스스로 사장이 돼 일하는 마음을 가져 보십시오. 상사의 지시가 있기 전에 나 스스로 내가 해야 할 업무와 목표를 정하고 그것을 달성해 보는 겁니다. 그런 다음 나만의 커리큘럼을 만들어 보십시오. 직장인으로 안주하지 말고 나에게 필요한 자격증 리스트를 작성해 도전해 보는 겁니다. 통제감과 함께 성취감이 매우 커질 것입니다.

이렇게 해보았는데도 사업을 해야겠다는 마음이 좀체 사라지지 않는다면 이제부터 철저하게 준비해야 합니다. 준비 없는 시작은 좋은 결과로 이어지기 어렵습니다. 특히 모험가형은 자신감이 지나쳐 상대적으로 치밀함이 떨어지고 위험 대처 능력이 낮은 특성이 있습니다. 따라서 만약 사업 아이템을 구상했다면, 그 실현성을 치밀하게 점검하고 철저한 계획을 세워 차근차근 실현해 나가는 것이 필요합니다.

많은 사업가들이 실패하는 이유는 대체로 성공 시나리오만 설계하기 때문입니다. 이렇게 저렇게 해서 매출을 올리고 그러면 수익이 얼마가 난다는 성공 시나리오만 염두에 두고 사업을 시작하는 것입니다. 하지만 현실은 정반대의 경우가 많습니다. 그러므로 성공 시나리오와 함께 실패 시나리오를 설계하고 사업을 시작해야 합니다. 실패 시나리오란, 계획대로 되지 않는다면 어떻게 될 것이고 그런 경우 어떻게 대비할 것인가를 설계해 보는 것입니다. 그리고 모든 시나리오에는 필요한 자금 계획이 반드시 세워져야 하며, 여유 자금과 비상 자금을 준비해 놓아야 합니다. 사업 초기 자금만 가지고 시작하면 십중팔구 자금 문제로 어려움을 겪다 실패하기 십상입니다. 왕대박 씨도 자금 계획도 없이 매우 즉흥적으로 사업을 시작한 경우입니다. 그 결과는 쉽게 예측이 가능합니다.

또 한 가지, 왕대박 씨한테서 눈여겨볼 부분은 사업을 크게 벌리기 위해 주변 사람들에게 손을 벌리는 모습입니다. 재무 테라피에서는 이를 일종의 재무 장애인 의존증으로 봅니다. 의존증을 가진 사람들은 주변 사람들에게 물질적인 도움을 받는 데 관대한 성향을 갖고 있으며 이러한 도움이 계속될 것이라고 낙관하는 경향이 있습니다. 이런 의존성이 계속되면 재무적으로 큰 문제에 부딪칠 수 있습니다. 따라서 자신의 문제를 스스로 해결하려는 독립심과 책임감을 키울 필요가 있습니다.

3장 돈의 길

___ 허황된 공주형

점원: 어머 언니~ 옷걸이가 좋으니까 뭘 입어도 다 어울리신다~.

다살래: (기분 좋은 표정으로 도도하게) 뭐 괜찮네. 전부 계산해 주세요.

멋쟁이로 소문난 다살래 씨는 쇼윈도에 걸린 신상을 그냥 지나치지 못합니다. 딱히 필요하지 않아도 사고 싶은 물건이 생기면 지나치지 못하는 성격 때문에 집에 쌓이는 물건만큼 카드빚도 늘어만 갑니다.

다살래 씨 이대로 괜찮을까요?

다살래 씨를 위한 재무 테라피

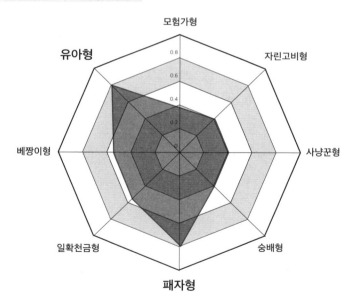

다살래 씨는 절제력이 약한 유아형의 특성이 강하며 늘어나는 카드 빚에 시달리는 패자형도 복합적으로 나타나고 있습니다. 이 유형이 갖고 있는 재무 장애는 충동구매와 저장증입니다. 충동구매는 딱히 필요하지 않은데도 충동적으로 물건을 사는 것을 말하며, 저장증은 당장 필요하지 않은 물건도 계속해서 저장해 두는 것을 말합니다.

제 주변에도 쇼핑으로 스트레스를 푼다는 분들이 상당히 많습니다. 미래를 위해 살기보다 오늘을 즐기자는 풍조가 유행하면서 요즘 젊은 이들 사이에서 이 같은 유형이 많이 나타나고 있습니다.

하지만 잠깐의 즐거움을 절제하지 못하면 미래의 행복을 장담할 수 없습니다. 좀 더 성숙한 자세로 구체적이고 적절한 재무 계획을 세우는 것이 필요해 보입니다.

다살래 씨의 재무 장애 중에는 저장증도 있습니다. 저장증은 절약 또는 취미로 물건을 모으는 것과는 다른 차원으로 일종의 강박장애라고 할 수 있습니다. 여러 가지 원인에 의해 가치판단 능력과 의사결정 능력이 손상돼 어떤 물건이 나에게 필요한지 아니면 불필요한지를 판단하지 못하고 일단 저장해 두는 증상입니다.

옷을 샀는데 옷장을 뒤지다 보니 구석에서 비슷한 스타일의 옷이 나온 적이 한두 번이 아닙니다. 당장 필요한 물건은 몇 개 안 되는데 마트에 갔다 하면 장을 한아름 보곤 합니다. 만일 당신이 그렇다면 여기저기 새나가는 지출이 상당할 것입니다. 재무 심리에서 저장증은 복잡한 정신 상태를 반영한다고 봅니다. 정돈되지 않은 복잡한 정신 상태는 결국 삶을 혼란스럽게 만들고 재무 상황 역시 복잡하게 만듭니다.

___ 수전노형

> 동료: 나돈만 씨 오늘도 점심 안 먹어?
> 나돈만: 네… 속이 좀 안 좋아서요… 다녀오세요.

회사에서 일 열심히 하기로 소문난 나돈만 씨. 그는 점심 먹는 시간도 아끼고 가져온 도시락으로 점심값도 아끼는 게 일상입니다. 어찌나 인색한지 나돈만 씨의 지갑이 열리는 것을 본 사람이 없을 정도입니다.

근검절약도 지나치면 병입니다. 쓸 데 안 쓸 데 가리지 않고 무조건 돈 모으는 재미에만 빠져 있는 나돈만 씨는 과연 행복할까요?

나돈만 씨를 위한 재무 테라피

재무 심리 진단표에서도 역시 근검절약 속성이 강한 자린고비형과 돈이 최고라고 생각하는 숭배형이 아주 강하게 나타나는 것을 볼 수 있습니다. 이와 함께 꼭 필요한 지출도 하지 않는 저소비와 일에 지나치게 매달리는 일중독을 재무 장애로 갖고 있습니다.

이런 유형의 사람들은 어린 시절 혹은 한때 돈 때문에 무척 힘든 경험을 한 경우가 많습니다. 어릴 때 학교 등록금을 내지 못할 만큼 가난해서 매일같이 담임 선생님한테 불려 다닌 것이 너무 수치스러워 잔돈

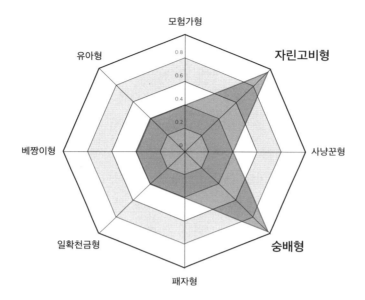

하나도 헛되게 쓸 수 없게 되었다는 분을 상담한 적이 있습니다. 이런 힘든 경험을 다시 겪게 될지도 모른다는 막연한 불안감이 정말 필요할 때도 돈을 쓰지 못하게 만드는 것입니다.

이 유형의 사람들은 재테크나 투자에도 무척 소극적입니다. 어떻게 번 돈인데 손실을 볼 수도 있는 투자를 하랴는 심리가 작용하기 때문입니다. 큰돈을 잃지는 않겠지만 부자가 되기는 쉽지 않은 유형입니다.

부자가 되려면 당연히 돈을 소중히 생각하고 아껴야 하는 것 아니냐고 반문하는 분이 있을지도 모르겠습니다. 물론 아주 틀린 말은 아닙니다. 하지만 다르게 생각해 볼 수 있습니다.

3장 돈의 길

돈에 대한 지나친 강박관념은 오히려 눈앞의 단기적인 과제에만 몰두하게 만들어 장기적인 시야를 갖지 못하게 할 수 있습니다. 또 일과 돈이 아닌 다른 것에는 소홀해져 인간관계에 문제가 생길 수 있습니다. 대인관계가 능력인 요즘 같은 시대에 이 능력을 간과해선 곤란합니다.

여기에 또 한 가지 중요한 문제가 있습니다. 단순히 돈이 많기만 하면 행복할까요? 돈이 나를 구속하는 것이 아니라 내가 주도적으로 돈을 통제하고 관리할 수 있어야 건강한 마음 상태입니다. 재무 테라피를 통해 우리가 목표로 하는 것은 재무 상황이 건강할 뿐 아니라 돈에 대한 마음 즉 재무 심리도 건강한 부자가 되는 것입니다. 그렇게 될 때 나의 삶도 풍요롭고 남과 함께 더불어 살아가는 행복도 누릴 수 있게 됩니다.

나돈만 씨는 작은 나눔부터 시작하면 좋겠습니다. 먼저 주위 사람들에게 커피 한 잔 사주는 것부터 연습해 보면 좋겠습니다.

나돈만 씨의 내면을 좀 더 들여다보면, 미래에 대한 불안과 두려움이 크게 자리 잡고 있을지도 모릅니다. 자신을 객관적으로 보면 쉽게 빠져나올 수 있는 문제이지만 대개의 경우 주관적인 사고에 갇혀 그러지 못합니다. 이 경우, 전문가와 상담하여 심리적인 안정감을 찾을 필요가 있습니다. 미래에 대한 불안과 두려움이 사라지면 자신을 객관적으로 보는 눈이 생기게 됩니다. 그러면 정상적인 소비와 나눔이 일어나게 됩니다. 어쨌거나 쓸 데 못 쓰고 돈만 모으는 데 급급하는 것은 자신의 삶을 황폐하게 만드는 장애라는 사실을 알면 좋겠습니다.

이상적인 부자 심리의 모습

그렇다면 가장 이상적인 부자 심리의 모습은 어떤 것일까요? 다음과 같은 모습입니다.

전체적으로 우상향으로, 왼쪽은 아주 짤막한 부채 모양을 하고 있습니다. 이 모습은 돈을 바라보며 엉덩이가 가볍게 행동하기 쉬운 형상을 띠고 있습니다. 여러분의 재무 심리도 이와 같이 변화되었으면 좋겠습니다.

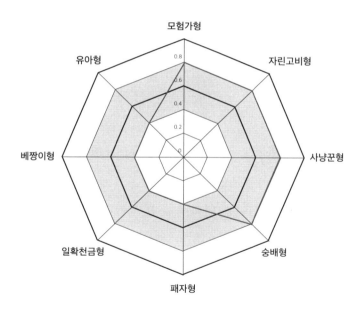

마음의 모습을 바꾸면 부자가 될 수 있다

　마음의 모습을 바꾸면 여러분도 부자가 될 수 있습니다. 매일 뭘 하며 놀고 뭘 살까 고민하던 30세 미혼 여성 직장인을 예로 들어 보겠습니다. 급여는 300만 원입니다.

　현재 마음 상태로는 모험가형(A)과 유아형(H)만 강하고 나머지 성향이 약하여 돈을 벌면 재미있게 놀고 쓰고 싶은 마음이 강합니다. 충동구매와 과소비로 돈이 쌓이지 않는 형국입니다. 이런 상태로 65세까지 간다면 부의 크기는 9억 정도이며, 충동구매, 과소비 등의 위험이 211%로 다소 높습니다. 그야말로 힘든 인생을 살게 될 것입니다.

　그러면 자린고비형(B)과 사냥꾼형(C), 숭배형(D)을 보통 정도의 수준으로 키워 보겠습니다. 이렇게 개선되면 부의 크기가 35억으로 늘어납니다. 이는 자린고비 속성이 강해지면 충동구매와 과소비가 줄어드는데다 사냥꾼 속성이 남은 돈을 투자하게 해서 돈을 불리고 숭배형 속성이 좀 더 돈에 대해 악착같도록 만든 결과입니다. 여기에 위험을 발생시키는 유아형(H)의 속성을 낮추면 위험 수준이 211%에서 173%로 줄어들게 됩니다. 이전보다 풍요롭고 안전한 삶을 살게 되는 것입니다.

　어떻습니까? 재정 심리를 변화시켜 인생을 바꾸고 싶지 않습니까? 재무 테라피를 통해 얼마든지 바뀔 수 있습니다.

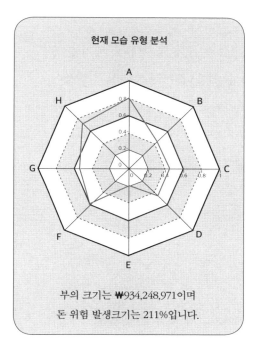

현재 모습 유형 분석

부의 크기는 ₩934,248,971이며
돈 위험 발생크기는 211%입니다.

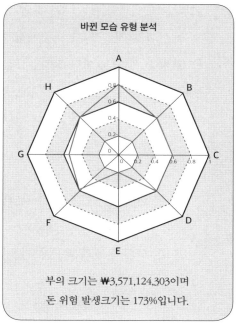

바뀐 모습 유형 분석

부의 크기는 ₩3,571,124,303이며
돈 위험 발생크기는 173%입니다.

재무 심리 유형으로 본 커플 매칭

2014년 통계청에서 조사한 결과 우리나라 이혼 건수는 한 해에 무려 11만 건이 넘는다고 합니다. 그런데 이혼 사유 1위가 성격 차이라면 2위는 돈 문제라고 합니다. 결혼의 조건은 사랑이지만, 결혼생활은 현실이라는 것을 여실히 보여 주는 결과입니다. 부부간에 다른 문제는 딱히 없는데 돈 문제로 자꾸 잡음이 생긴다면, 돈에 대한 서로 다른 심리 때문일 것입니다. 재무 심리 유형에 따라 잘 맞는 사람이 있고 그렇지 않은 사람이 있다는 것입니다.

개인과 가정 그리고 조직에서 재무 심리 유형으로 커플을 매칭해 봄으로써 돈 문제로 인한 갈등을 해소할 수 있습니다. 현재 당신의 커플이나 미래의 커플을 염두에 두고 보면 재미있고 유익할 것입니다. 가령 부부라면 서로 어떤 점을 고치고 보완해야 건강한 가정을 이룰 수 있는지를 조율할 수 있습니다.

"이런 사람과 이런 사람이 만나면 어떨까요?"
"아, 이래서 서로 싸우는군요~"
"이런 사람이 우리 회사에 필요한데~"

재무 심리 유형 커플 매칭은 다음의 5가지로 나눌 수 있습니다.

___ 시너지 커플

A   B

이 커플은 부자의 재무 심리 유형을 가진 사람들의 만남으로 두 사람이 협력하면 상승 효과를 가져와 더 많은 부를 창출할 수 있습니다. 이런 커플은 우리나라 전체 부부 중 대략 3% 미만으로 매우 적습니다.

시너지 커플을 위한 테라피

이 커플은 경제적 풍요와 부자의 삶을 살 수 있지만, 자칫 물이 고이면 썩듯이 가진 돈 때문에 자녀를 망칠 수 있습니다. 또한 돈맛에 빠지다 보면 어느 순간 돈의 노예가 될 수 있습니다. 따라서 항상 주위를 둘러보며 조금씩이라도 나누며 살기를 권합니다.

__ 상호보완 커플

A

B

A는 모험가형, 사냥꾼형으로 사업과 투자에 집중하여 돈을 벌려고 하는 공격적인 재무 심리 유형인 반면에, B는 자린고비형, 숭배형으로 보수적이며 돈을 쓰지 않고 악착같이 지키려고 합니다. 어찌 보면 서로 상

반된 성격이라 티격태격할지 모르지만 서로 보완이 되면 부자가 될 수 있습니다. A는 사업 확장에 몰두하는 반면, B는 알뜰살뜰 돈이 새지 않도록 모아 위험에 대비하는 경우가 이에 해당합니다.

상호보완 커플을 위한 테라피

이 커플은 따로 놀면 재무 위험과 갈등이 커지지만 서로의 재무 심리가 다름을 이해하고 상대의 장점을 흡수해서 역할 분담을 한다면 부자 커플이 될 수 있습니다. A는 B의 보수적인 성향이 가정을 위험에서 지키는 역할을 한다는 것을 알아야 하고, B는 A의 모험적인 성향이 부자가 되기 위한 조건임을 인정하고 A의 장점을 살리는 데 힘을 보태는 것이 필요합니다. A 역시 자신이 놓치기 쉬운 세심함을 B에게서 보완해야 합니다. 한 걸음 더 나아가 서로가 부족한 부자의 심리를 가질 수 있도록 노력할 것을 권합니다.

__ 일방 의존 커플

모험가형
자린고비형
사냥꾼형
숭배형

A

유아형
베짱이형
일확천금형
패자형

B

이 커플은 한 사람은 부자 유형이고 한 사람은 가난의 유형입니다. 가난의 유형을 가진 사람이 부자 유형의 사람에게 일방적으로 의존하며 살게 되는 경우입니다. 한쪽은 잘살려고 열심히 벌고 아끼고 불리고 노력하는데, 한쪽은 쓰기만 좋아해서 돈 문제를 일으키는 경우가 많습니다. 부부 상담을 해보면 의외로 이런 커플을 자주 만나게 됩니다. 결혼 전이라면 커플 선택에 유의하고 결혼했다면 재무 테라피를 통해 갈등을 치료하는 것이 필요합니다.

일방 의존 커플을 위한 테라피

두 커플은 돈에 대해 서로 다른 방향을 보고 있기 때문에 갈등이 일어난다는 사실을 먼저 인정하는 것이 필요합니다. 왜냐하면 서로 무엇이 잘못되었는지 잘 모를 수 있기 때문입니다. 그런 다음 부자의 심리를 가진 사람이 가난의 심리를 가진 사람을 포용해 주어야 합니다. 가난의 심리를 가진 사람은 하고자 하는 의지가 있어도 잘 안 되어서 자꾸 위축되고 그러다 보니 의존하게 되기 때문입니다. 한편, 가난의 심리를 가진 사람은 상대방에게 일방적으로 의존하고 있다는 사실에 감사해야 할 것입니다.

___ 가난의 커플

유아형	유아형
베짱이형	베짱이형
일확천금형	일확천금형
패자형	패자형
A	B

최근 회자되던 욜로(YOLO)족처럼 "미래가 어딨어? 현재를 즐기자"를
외치는 가난의 유형끼리 만난 경우입니다. 처음에는 재미있게 놀고 여
행 다니고 사고 싶은 것 다 사고 살다가 나중에 심각한 경제문제에 빠지
게 되는 커플입니다. 다른 점에선 합이 잘 맞을지라도 돈 문제를 일으킬
수 있으므로 서로 만나면 안 되는 커플입니다. 최소한 한 사람이라도 건
강한 재무 심리를 가져야 합니다.

가난의 커플을 위한 테라피

지금처럼 살다간 큰 낭패를 보게 될 것입니다. 시급히 정신 차리고 미
래를 위해 경제적인 준비를 할 것을 권합니다. 그렇지 않으면 돈 문제로
생존이 위협받을 수 있습니다. 그리고 건강한 재무 심리를 가질 수 있도
록 상담과 치료가 필요합니다.

___ 자연인 커플

A   B

두 사람 다 착하고 성실하며 욕심 없이 주어진 것에 만족하는 커플입니다. 무념형의 커플이라고도 할 수 있고 치열한 도시의 삶보다는 한적한 자연에서 욕심 없이 사는 삶이 어울리는 커플입니다. 부자가 되기는 어렵겠죠?

자연인 커플을 위한 테라피

아무리 돈에 욕심이 없어도 살다 보면 반드시 부딪치게 되는 돈 문제가 있습니다. 예를 들어 자녀 교육, 결혼, 주택, 노후, 위험 대비 등을 위해 돈을 준비해야 합니다. 성직자나 돈을 많이 가지면 안 되는 삶이 아니라면 굳이 가난을 선택할 필요가 없습니다. 자식들에게 자신의 재무심리를 강요하지 말고 부자의 삶을 살 수 있는 기회를 주기 바랍니다. 그리고 좀 더 돈에 적극적이면 좋겠습니다.

4장

돈의 말

보이지 않는 메시지가 나를 움직인다

머니스크립트란

　돈에 대한 4가지 마음(벌고 쓰고 불리고 나누는 마음, 다음 장에서 자세히 소개
하겠습니다)을 구성하고 재무 심리 유형을 결정하는 나의 머니스크립트
(Money Script)가 있습니다. 그렇다면 부자가 되는 머니스크립트는 무엇
일까요?

　'흥부와 놀부'라는 전래동화 다들 아시죠? 얼마 전 한 방송사의 개그
프로그램에서 이 동화를 좀 다른 시각으로 비틀어 보는 코너를 선보인
적이 있습니다.

> 흥부: 하루 신나게 놀았더니 그새 돈이 다 떨어졌네? 아~ 믿을 덴 형밖에 없지.
> 　　　좀 빌리러 가야겠다.
> 놀부: 야 이놈아! 또 술 퍼먹은 거야? 나 돈 없다. 먹고 죽으려도 너 줄 돈 없으
> 　　　니까 썩 꺼져!

　　　　　　　　　　　　　　　　　　　　　　4장 돈의 말

흥부: 진짜 더럽게 생색내네. 아버지 돈이 다 형 거야? 나도 권리가 있다고~~

우리가 아는 내용과 많이 다르죠? 하지만 한 가지 같은 점은 있습니다. 바로 흥부는 가난하고 놀부는 부자라는 겁니다. 재무 심리에서는 흥부와 놀부가 이토록 정반대 재무 상황에 놓인 것은 그만큼 다른 머니스크립트를 가지고 있기 때문이라고 해석하기도 합니다.

머니스크립트란 무엇일까요? 돈을 말하는 Money와 대본을 의미하는 Script의 합성어입니다. 한 사람이 돈에 대해 갖고 있는 무의식적인 가치관과 믿음을 의미합니다. 배우들이 대본을 바탕으로 연기하는 것처럼 우리도 우리 마음속에 자리 잡고 있는 머니스크립트를 토대로 생각하고 행동하게 된다는 의미입니다.

그렇다면 흥부와 놀부는 어떤 머니스크립트를 갖고 있을까요? 앞서 소개한 개그 프로그램에서 흥부는 돈이 생기는 대로 다 쓰는 소비 성향을 가지고 있습니다.

'나는 돈을 쓸 가치가 있어. 돈은 쓰기 위해 버는 거지. 이 세상은 돈으로 넘쳐 나.'

이런 머니스크립트를 가지고 있는 겁니다. 또 돈이 없으면 형에게 빌리러 가는 것을 볼 때 '가족이 계속 나를 도와줄 거야. 남한테 물질적인 도움을 받는 게 뭐 어때서?' 하는 머니스크립트도 가지고 있습니다.

반면에 놀부는 재무 유형으로 볼 때 자린고비형이자 돈을 숭배하는 숭배형이라 할 수 있습니다. 놀부는 이런 머니스크립트를 가지고 있다하겠습니다.

'부모 형제보다 돈이 더 좋아. 돈이 최고야. 돈만 있으면 안되는 게 없어~ 돈은 많으면 많을수록 좋은 거지.'

여러분은 어떤 머니스크립트를 갖고 있나요? 다음의 리스트를 보고 자신의 머니스크립트가 무엇이고 그것이 어떤 영향을 미치는지 확인해 보세요. 자신의 머니스크립트를 알면 나의 재무 행동이 돈을 끌어당기는지 아니면 밀어내는지 알 수 있습니다.

머니스크립트와 돈의 관계

머니스크립트	재무 행동에 미치는 영향(돈과의 관계)
돈은 많으면 많을수록 좋다.	돈은 많이 가지면 가질수록 좋은 것이기 때문에 더 많이 가지려 하고 돈을 좇으며 돈을 숭배하는 행동을 하게 한다.(돈을 당긴다)
돈은 쓰기 위해 버는 것이다.	돈을 쓰는 것에 집중하여 저축하기보다 쓰는 것에 당위성을 부여한다. 충동구매, 과소비, 퍼주기, 나누는 행동을 유발시킨다.(돈을 내보낸다)
돈은 악이다.	돈의 나쁘고 어두운 면만 보게 되므로 돈에 대해 경계하고 멀리하게 만든다.(돈을 밀어낸다)
부자들은 그들이 가지고 있는 것을 가질 자격이 없다.	돈 많이 가진 자들을 불법적이고 정당하지 못하다는 생각은 부자를 저주하게 만들고 자신을 부자와 멀어지게 만든다.(돈을 밀어낸다)

가난한 사람들은 게을러서 가난한 것이다.	게으름은 가난을 가져오기 때문에 가난하지 않으려고 열심히 일하게 만든다.(돈을 당긴다)
미래의 나의 삶은 항상 풍족할 것이다.	자신의 미래에 대한 낙관은 현재의 소비에 집중하게 만든다.(돈을 내보낸다)
위험을 감수하는 것은 나쁜 일이다.	위험을 싫어하고 안전 위주의 사고와 행동을 하게 한다. 그리고 위험을 수반하는 투자 등을 싫어하고 회피하게 만든다.(돈을 키우지 못한다)
이 세상은 돈으로 넘쳐 난다.	세상이 돈으로 넘쳐 난다는 허황된 마음이 실속이 없고 일확천금을 노리게 만든다.(돈을 밀어낸다)
어떤 이유라도 빚을 지지 말라.	직접 혹은 간접적인 경험을 통해 빚의 문제점에 대해 잘 알므로 빚을 절대 지지 않으려 한다.(돈을 지키려 하고 절대 무리하지 않는다)
어떤 이유라도 남에게 돈을 맡기지 마라.	직접 혹은 간접 경험을 통해 남에게 돈을 맡기면 위험하고 손해를 본다고 생각하여 절대 남을 믿지 않고 돈을 맡기지 않는다.(돈을 지키려 하고 소극적이다)
돈은 행복을 가져다준다.	돈을 행복의 조건으로 여겨서 더 많은 돈을 가지려는 행동을 하게 된다.(돈을 당긴다)
성직자는 돈을 많이 가지면 안 된다.	성직자는 거룩하고 성스러운 반면, 돈은 세속적이고 더러운 것이라는 생각이 잠재되어 있다. 이런 가치관이 무의식적으로 돈을 밀어내게 만든다.(돈을 밀어낸다)
가난이 미덕이다.	돈의 폐해나 부자들의 부정적인 측면을 강조하거나 가난을 합리화하는 생각이 깔려 있다. 가난은 미덕이 될 수 없고 반드시 해결해야 할 인생의 과제다. 이런 생각이 가난하게 만든다.(돈을 밀어낸다)

돈을 벌기 위해선 열심히 일해야 한다.	열심히 일하면 돈을 더 벌 수 있다는 생각을 가지고 있고 이런 생각이 강하면 일중독으로 가게 된다.(돈을 당긴다)
나는 돈을 많이 가질 자격이 없다.	스스로 부자가 될 수 없다고 생각해 돈으로부터 멀어지게 만든다.(돈을 밀어낸다)
돈보다 사람이 중요하다.	어려운 사람을 보거나 돈 때문에 곤란을 겪는 사람을 보면 돈을 나눠 주거나 퍼주게 된다.(돈을 내보낸다)
많은 돈을 벌었다면 그것은 비도덕적으로 얻은 것이다.	부정한 부에 대한 혐오로 인해 건전한 부의 축적까지 부정한다. 부자를 부정하는 것은 자신은 부자가 되지 않겠다고 하는 것과 같다.(돈을 밀어낸다)
나는 돈을 많이 벌 수 있을 정도로 이재에 밝지 못하다.	돈을 불리고 키우는 데는 이재가 필요하다고 인지하지만 자신에게는 이재가 부족하여 크게 불릴 수 없다고 생각한다.(돈을 키우지 못하고 투자에 소극적이다)
만약 큰돈이 생기면 누구한테도 이야기하지 않는다.	큰돈이 생기면 여기저기 사람들이 귀찮게 하고 문제를 일으킬 수 있다는 생각으로 비밀로 하려 한다. 이러한 생각은 돈을 숨기게 하고 음성화시킨다.(돈에 소극적이다)
돈 가지고 안되는 게 없다.	돈의 위력이 막강하다는 것을 절감하고 있다. 이러한 생각은 많은 돈을 가지려 하고 돈을 좇고 돈을 숭배하게 한다.(돈을 당긴다)
나는 돈에 대해 관대하다.	돈에 대해 절제하는 마음이 약하고 오히려 관대하여 돈을 소비하게 만들고 남에게 돈을 퍼주게 만든다.(돈을 밀어낸다)
돈은 돌고 도는 것이다.	한 방 노리는 잠재 심리로 자신에게 현실의 희망을 제공하기도 하지만 허망한 결과를 초래한다.(돈을 밀어낸다)
돈을 벌려면 돈이 따라오도록 해야 한다.	돈을 좇기보다는 돈이 자신에게 쫓아오도록 여건을 조성해야 한다는 생각은 돈에 무관심하게 만들 수도 있고 오히려 돈이 들어오도록 모든 여건을 차근차근 준비하게 만들수 있다.(돈을 당긴다)

여러분은 어떤 머니스크립트를 가지고 있습니까? 그리고 그것이 당신의 재무 상황에 어떤 영향을 미치고 있습니까? 나의 머니스크립트를 알았다면 이제 변화를 시도할 때입니다.

___ 성경은 돈을 어떻게 보는가

성경 말씀 중에는 크리스천들이 돈과 건강한 관계를 정립하는 데 걸림돌이 되는 말씀이 있습니다. 그런데 과연 하나님은 우리가 돈을 멀리해서 가난하기를 바라실까요? 크게 두 가지로 살펴보겠습니다.

"돈을 사랑함이 일만 악의 뿌리가 되나니"(딤전 6:10)

이 말씀을 어떻게 이해하고 있습니까? 말 그대로 돈이 악의 뿌리라고 이해한다면 돈을 미워하고 멀리하게 됩니다. 이 말씀을 '돈을 사랑하지 말라'로만 이해한다면 이 또한 돈을 미워하게 되어 돈과 건강한 관계를 맺을 수 없습니다. 하지만 내가 돈을 다스리지 못하면 일만 악의 뿌리가 될 수 있다고 이해하면, 돈을 회피하거나 미워해야 할 존재가 아니라 다스려야 할 존재로 인식하게 됩니다. 그러면 능력을 키워 돈을 다스리고자 합니다.

"낙타가 바늘귀로 들어가는 것이 부자가 하나님의 나라에 들어가는 것보다 쉬우니라"(마 19:24)

이 말씀을 '부자는 천국 가지 못한다'고 이해하고 있습니까? 그렇다면 돈을 많이 가지는 것 자체가 악이며 죄라고 여기게 될 것입니다. 자기도 모르게 가난의 맹세를 하며 살게 되는 것입니다.

우리 믿음의 조상들은 모두 부자였습니다. 아브라함은 복의 근원이었고 이삭은 백배의 축복을 받아 마침내 거부가 되었습니다. 야곱은 외삼촌 라반의 집에서 두 아내와 열두 아들과 딸 하나를 얻었고 양 떼와 노비와 약대와 나귀가 심히 많았습니다. 석유왕 록펠러는 스스로 벌어 부를 이룬 재산으로 교회와 대학을 설립하는가 하면, 세상에 기부해 이웃을 이롭게 하는 데 돈을 사용했습니다. 그러므로 이 말씀은 부자가 천국에 갈 수 없다는 뜻이 아니라 가진 돈을 자기만족을 위해서만 사용할 때 천국에 갈 수 없다는 의미입니다. 부자라면 선한 영향을 끼치는 일에 돈을 사용하는 아름다운 부자가 되어야 할 것입니다.

5장

돈의 마음

벌고 쓰고 불리고 나누는 능력을 키우라

재무 심리에서는 돈에 대한 마음을 크게 4가지로 구분합니다. 돈 버는 마음(+), 돈 쓰는 마음(-), 돈 불리는 마음(×), 돈 나누는 마음(÷)이 그것입니다. 이 4가지 마음의 역학관계에 의해 자신의 재무 유형이 결정되고 각종 재무 장애가 생기며 머니스크립트도 만들어진다고 합니다.

지금부터 돈에 대한 4가지 마음은 구체적으로 무엇이며 그 안에 어떤 생각들이 담겨 있는지, 또 이 4가지 마음은 어떻게 상호작용하는지 하

5장 돈의 마음

나하나 살펴보도록 하겠습니다.

돈 버는 마음(+)

　4가지 마음 가운데 가장 중요한 것이자 수입의 원천을 만들어 내는 의지라고 할 수 있습니다. 돈 버는 능력과 성공의 주요한 원동력이죠. 당신의 소득을 키우려면 이 마음을 키워야 합니다. 그러면 돈 버는 마음의 머니스크립트는 무엇일까요?

___ 돈 버는 마음(+)의 머니스크립트
* 키워드: 꿈, 목표, 열심, 열정, 의지, 승부욕, 도전, 긍정, 신뢰, 친화력, 실력, 끈기, 악착, 유연성, 프로 정신, 성숙, 협력
* 재무 장애: 일중독, 베짱이

___ 돈 버는 마음(+)을 건강하게 만드는 생각들
부지런해야 돈을 번다.

남들보다 한 발 앞서 움직여야 성공한다.

기회는 준비된 자의 것이다.

절대 포기하지 않고 될 때까지 한다.

세상에 공짜는 없다.

자존심이 밥 먹여 주지 않는다.

사람들을 내 편으로 만들어야 돈을 벌 수 있다.

즐겁게 일하면 돈은 따라온다.

돈이 있는 곳에서 놀아야 한다.

약속은 쉽게 하지 않고 일단 하면 꼭 지킨다.

인사를 잘해야 돈이 온다.

웃으면 돈이 온다.

감사 표현을 잘해야 돈이 온다.

하는 일에 최고가 된다.

항상 배우고 익힌다.

명확한 꿈과 목표를 정한다.

여러분은 어떻습니까? 이런 생각들이 많을수록 돈 버는 마음이 강해지고 돈 버는 마음이 강해질수록 열심히 돈을 벌려 하고 돈에 적극적인 행동을 하게 됩니다. 반면에 이런 생각들이 적으면 돈 버는 마음이 약해지고 소극적이며 베짱이 성향을 보이게 됩니다.

어떻게 하면 돈 버는 마음을 키울 수 있을까요? 돈 버는 생각들이 식어 버리지 않도록 유지하는 것이 필요합니다. 'Out of sight, out of mind' 즉 눈에 보이지 않으면 마음에서 잊힌다는 말이 있습니다. 돈 버는 생각들을 매일 일과 시작 전에 읽고 머리에 새기는 것이 필요합니다. 그러면 수입이 늘어나고 업무 성과가 높아질 것입니다. 한번 실천해 보시기 바랍니다.

생각을 실천으로 옮기는 방법은 생각에 에너지를 더하는 것입니다. 생각을 반복적으로 오랫동안 하다 보면 그 에너지가 마음속에서 강렬해져서 행동하지 않으면 안 되게 만듭니다. 머리에 각인된 말들이 역동적으로 움직여 사람을 그렇게 행동하도록 하는 것입니다. 연애할 때 그런 경험을 해보았을 것입니다. 연인에 대한 생각이 머리에서 사라지지 않아 기다리지 못하고 달려간 경험 말입니다. 이와 같은 원리로 돈 버는 생각들이 우리를 움직일 수 있도록 하십시오. 여러분의 마음에 돈 버는 생각의 씨를 뿌리고 자라게 하십시오.

돈 쓰는 마음(-)

돈 버는 마음이 있다면 돈 쓰는 마음도 있겠죠. 돈이 생겼을 때 그 돈을 어디에 쓸 것인지를 결정하는 마음입니다. 이 마음이 당신의 돈을 어디로 흘려보내는지를 결정하게 됩니다. 명확한 지출과 저축 계획을 세우고 이를 충실히 이행합니까? 아니면 당장 하고 싶은 일에 돈을 쓰고 기분에 따라 충동구매를 하는 편입니까? 혹은 정말 써야 할 곳에 돈을 쓰지 못한 채 무작정 움켜쥐고만 있습니까?

돈 쓰는 마음이 무조건 나쁜 것은 아닙니다. 중요한 것은 건강한 돈 쓰는 마음을 갖는 것입니다. 오직 현재의 즐거움만 추구하는 지나친 과소비도, 미래에 대한 불안과 두려움으로 극도로 돈을 아끼는 것도 바람직하지 않습니다. 건강한 돈 쓰는 마음이란 어느 극단으로 치우치지 않는 균형 잡힌 상태를 말합니다. 이 마음이 돈을 모으고 가두어 놓는 역할을 하게 됩니다.

건강한 돈 쓰는 마음(-)의 머니스크립트를 알아볼까요?

__ 돈 쓰는 마음(-)의 머니스크립트

- 키워드: 계획, 인내, 가계부, 새는 돈 없애기, 체크카드, 미래 준비, 영수증, 흑자 만들기
- 재무 장애: 충동구매, 과소비, 저소비, 퍼주기, 저장증, 빚, 신용불량

__ 돈 쓰는 마음(-)을 건강하게 하는 생각들

절대 빚지지 않는다.

소비를 잘하는 것이 돈 버는 것이다.

게으른 본능이 하기 싫은 것을 하면 반드시 성공하고 부자가 된다.

계획하고 쓴다.

인내는 쓰다. 그러나 열매는 달다.

현재의 즐거움을 좇다간 미래를 망친다.

버는 것보다 적게 쓰고 남겨야 한다.

가계부를 적어 관리한다.

신용카드는 사용하지 않고 체크카드 한도 내에서 쓴다.

인생의 풍년에 가뭄을 준비해야 한다.

항상 비상 자금을 비축한다.

돈 관리는 항상 장기적이고 체계적으로 한다.

무작정 아끼기보다 필요한 것인지 불필요한 것인지 가려 제대로 쓴다.

영수증 관리를 한다.

모르고 새는 돈은 반드시 찾는다.

어떻습니까? 여러분은 이 생각들에 얼마나 공감하고 있습니까? 생각만 해도 짜증이 난다고요? 하기 어렵다고요?

그렇습니다. 우리가 제일 하기 싫어하는 일들이 본능을 거슬러 절제하는 것이라고 합니다. 그러나 본능을 좇아 살면 빈털터리가 되거나 돈 문제를 겪게 됩니다. 그러니 돈 문제를 겪지 않으려면 건강한 소비 습관을 위한 마음의 근육을 키워야 합니다.

쓰고 싶을 때 참으면 스트레스를 받게 됩니다. 이 스트레스가 바로 당신의 돈 쓰는 마음을 키우는 운동입니다. 헬스장에서 운동할 때 힘들어도 참으면 근육이 생기듯이 참고 견디면 여러분의 마음에 부자의 근육이 쌓이게 될 것입니다.

그리고 건강하게 돈 쓰는 마음을 키우는 방법은 동일하게 건강한 생각들을 매일 보고 떠올려 실제 행동으로 갈 수 있도록 마음에 생각의 씨를 뿌리고 자라게 하는 것입니다.

돈 불리는 마음(×)

가진 돈을 어떻게 키우고 불리는가에 관여하는 마음입니다. 돈 쓰는 마음과 마찬가지로 건강한 마음의 상태가 중요한데요. 구체적으로 건강한 돈 불리는 마음이란 대체 어떤 걸까요?

'돈이 돈을 벌게 하라' '돈을 잠자게 하지 말라'는 모두 투자의 중요성을 일깨워 주는 말들입니다.

돈은 가만히 두면 시간이 지나면서 가치가 떨어지게 마련입니다. 예를 들어, 오늘 100만 원이 3년 뒤의 100만 원과 같을 수 없습니다. 물가가 상승하기 때문입니다. 따라서 최소한의 수익 즉 물가 상승분 이상으로 돈을 키워야 합니다. 이것이 건강한 생각입니다. 주식이나 펀드, 채권 혹은 부동산에 투자하는 이유도 이 때문입니다.

지금 주식이나 펀드 등에 투자하고 있나요? 아니면 잘 몰라서, 또는 위험해서 투자하지 않고 있습니까? 예금금리가 1% 대인 데 반해 물가 상승률은 3%인 시대에 투자는 선택이 아니라 필수입니다. 단, 어떤 돈으로 어디에 어느 정도의 수익을 목표로 투자하느냐가 관건입니다.

현재 우리나라는 코로나 상황에서 주식시장에 '동학 개미' 열풍이 불고 있습니다. 저금리로 대출받아 주식 투자를 하는 사람들이 늘어나고 있습니다. 하지만 투자에는 위험이 따른다는 사실도 간과해선 안 됩니다. 이익을 보기 위해 빚을 내서 투자하다가 도리어 손실을 봐서 빚만 고스란히 남을 수 있습니다.

5장 돈의 마음

투자의 상식은 자기 자본으로 장기적으로 그리고 한 곳에 투자하기
보다는 여러 곳에 나눠서 투자하는 것입니다. 또한 공부를 해야 합니다.
남의 말만 듣고 하는 것이 아니라 스스로 알아야 합니다. 그런 다음 전
문가의 조언을 적절히 적용하면 성공 투자를 할 수 있습니다. 무엇보다
도 투자에 대한 관심과 이런 생각들을 갖는 것이 건강한 돈 불리기 마음
이라는 사실을 명심하시기 바랍니다.

돈 불리는 마음(x)의 머니스크립트

- 키워드: 위험관리, 분산 투자, 장기 투자, 자기자본, 시간 가치, 수익
  률과 위험, 인내, 투자 원칙, 금융 경제 지식, 전문가 조언
- 재무 장애: 도박, 투기 혹은 투자 기피 행동

돈 불리는 마음(x)을 건강하게 하는 생각들

돈을 잠자게 하지 않는다.

돈이 돈을 벌게 한다.

물가 상승률 이상으로 돈을 불려야 한다.

저축은 하루라도 빨리 한다.

계란을 한 바구니에 담지 않는다.

수익이 높으면 위험도 높다.

지나친 욕심은 금물이다.

인내와 기다림이 필요하다.

아는 만큼 투자에 성공한다.

체계적인 재테크 공부를 한다.

전문가의 조언을 듣는다.

감당할 수익과 손실의 한도를 정한다.

내 돈으로 투자한다.

3년 이상 장기적인 투자와 수익률을 목표로 한다.

다시 한 번 말씀드리지만 돈 불리기는 선택이 아니라 필수가 되었습니다. 100세 시대인 만큼 남은 세월이 너무 많습니다. 번 돈을 저금리 저축으로만 하기에는 역부족입니다. 안정적인 저축과 더불어 장기적 관점에서 돈을 불려 나가야 합니다. 그러기 위해서는 건강한 돈 불리기 마음이 필요합니다. 지금까지 살펴본 돈 불리기 생각들을 자기 것으로 만들어 보기 바랍니다. 어느 순간 건강한 투자를 통해 여러분의 돈을 키우고 계실 것입니다.

돈 나누는 마음(÷)

내가 가진 돈을 남에게 나눠 주는 마음입니다. 부자가 되려면 돈을 절대로 나누지 말아야 한다고 생각할 수도 있습니다. 하지만 고인 물은 썩게 마련입니다. 돈도 나눌 줄 모르면 결국 썩습니다. 아무리 많은 돈이 있어도 그것을 나눌 수 없다면 이웃에게 상처를 줄 뿐 아니라 자신의 삶도 황폐해질 수 있습니다. 건강한 인간관계를 위해서는 건강한 돈 나누는 마음이 필수입니다.

그렇다면 건강한 돈 나누는 마음의 머니스크립트는 어떤 것일까요?

돈은 행복한 삶을 위해 꼭 필요한 것이지만 스스로 감당하지 못할 수준의 돈을 가지게 되면 오히려 돈의 노예가 되기 쉽습니다. 흔히 갑자기 떼돈을 번 사람이 주변의 사람들과 관계가 깨지는 것을 보게 됩니다. 가진 자들의 갑질, 자녀들의 방탕, 가족간의 분쟁 등도 자주 목도하는 돈의 폐해입니다.

돈을 나눌 때 인간관계가 좋아집니다. 나누면 고인 물이 흐르게 되고 그것이 생명수가 되는 것처럼 나누는 사람과 받는 사람 모두 살아나게 됩니다.

많은 사람들이 '얼마가 생기면 주변 사람들과 나누겠다'고 생각하는데 막상 돈이 생기면 실천에 옮기지 못합니다. 그래서 나눔은 연습이 필요합니다. 적은 돈이라도 정기적으로 기부 활동을 하면서 나눔의 심리 근육을 키워야 큰 부자가 되었을 때 큰돈을 기부할 수 있습니다. 나눔은 더불어 사는 삶을 실천하고 나를 잘살게 해준 사회에 마땅히 해야 할 감사이자 책임입니다.

___ 돈 나누는 마음(÷)의 머니스크립트

- 키워드: 마중물, 생명수, 더불어 사는 삶, 사랑, 자비, 헌신, 사회적 책임, 기부, 적은 돈, 나눔 연습, 부자 되는 길, 아름다운 부자
- 재무 장애: 수전노, 저소비, 퍼주기

___ 돈 나누는 마음(÷)을 건강하게 하는 생각들

세상은 더불어 사는 것이다.

주위의 어려움을 외면해서는 안 된다.

물은 고이면 썩는다.

돈이 많으면 문제도 많은 법이다.

자식에게 고기 잡는 방법을 가르쳐야 한다.

돈보다 사람이 중요하다.

나눔은 생명이다.

나눔은 부를 가져오는 마중물이다.

단돈 만 원의 기부부터 실천한다.

공수래 공수거

아름다운 부자

여러분은 나눔에 대해 어떤 생각들을 갖고 계신가요? 우리가 살펴본 것처럼 나눔에 대한 건강한 생각의 씨들을 마음에 뿌리고 잘 자라게 하기를 바랍니다.

돈이 많다면 자식에게 다 물려줄 생각 말고 그들에게 고기 잡는 법을 가르치기 바랍니다. 그것이 대대손손 건강한 가문을 이루는 지름길입니다. 대신에 힘들고 어려운 이들을 위해 통 큰 기부를 하는 아름다운 부자가 되기 바랍니다. 지금 당장 단돈 만 원이라도 기부하여 참 부자의 삶으로 변화하시기 바랍니다.

돈에 대한 건강한 머니스크립트

돈 버는 마음 (+)	돈 쓰는 마음 (-)
• 부지런해야 돈을 번다.	• 절대 빚지지 않는다.
• 남들보다 한 발 앞서 움직여야 성공한다.	• 소비를 잘하는 것이 돈 버는 것이다.
• 기회는 준비된 자의 것이다.	• 하기 싫은 것을 하면 반드시 성공하고 부
• 절대 포기하지 않고 될 때까지 한다.	자가 된다.
• 세상에 공짜는 없다.	• 계획하고 쓴다.
• 자존심이 밥 먹여 주지 않는다.	• 인내는 쓰다. 그러나 열매는 달다.
• 사람들을 내 편으로 만들어야 돈을 벌 수	• 현재의 즐거움만 좇다간 미래를 망친다.
있다.	• 버는 것보다 적게 쓰고 남겨야 한다.
• 즐겁게 일하면 돈은 따라온다.	• 가계부를 적어 관리한다.
• 돈 있는 곳에서 놀아야 한다.	• 신용카드보다 체크카드를 사용한다.
• 약속은 쉽게 하지 않고 일단 하면 꼭 지	• 인생의 풍년에 가뭄을 준비해야 한다.
킨다.	• 항상 비상 자금을 비축한다.
• 인사를 잘해야 돈이 온다.	• 돈 관리는 항상 장기적이고 체계적으로
• 웃으면 돈이 온다.	한다.
• 감사 표현을 잘해야 돈이 온다.	• 필요한 것인지 불필요한 것인지 가려
• 하는 일에 최고가 된다.	쓴다.
• 항상 배우고 익힌다.	• 영수증 관리를 한다.
• 명확한 꿈과 목표를 정한다.	• 모르고 새는 돈은 반드시 찾는다.

돈 불리는 마음 (×)	돈 나누는 마음 (÷)
• 돈을 잠자게 하지 않는다.	• 세상은 더불어 사는 것이다.
• 돈이 돈을 벌게 한다.	• 주위의 어려움을 외면해서는 안 된다.
• 물가 상승률 이상으로 돈을 불려야 한다.	• 물은 고이면 썩는다.
• 저축은 하루라도 빨리한다.	• 돈이 많으면 문제도 많은 법이다.
• 계란을 한 바구니에 담지 않는다.	• 자식에게 고기 잡는 법을 가르쳐야 한다.
• 수익이 높으면 위험도 높다.	• 돈보다 사람이 중요하다.
• 지나친 욕심은 금물이다.	• 나눔은 생명이다.
• 인내와 기다림이 필요하다.	• 나눔은 부를 가져오는 마중물이다.
• 아는 만큼 투자에 성공한다.	• 단돈 만 원의 기부부터 실천한다.
• 체계적인 재테크 공부를 한다.	• 공수래 공수거
• 전문가의 조언을 듣는다.	• 아름다운 부자
• 감당할 수익과 손실의 한도를 정한다.	
• 내 돈으로 투자한다.	
• 3년 이상 장기적인 투자와 수익률을 목표로 정한다.	

4가지 마음의 순환

지금까지 돈에 대한 4가지 마음과 이를 건강하게 구성하는 머니스크립트에 대해 살펴보았습니다. 여러분의 마음은 어떤 상태입니까? 4가지 마음 가운데 어떤 마음이 강하고 약하느냐에 따라 다음과 같은 결과가 나타납니다.

돈의 마음/재무 유형/재무 장애 관계

Strong				Weak	
재무 장애	재무 유형			재무 유형	재무 장애
일중독	모험가형	돈 버는 마음 (+)		베짱이형	의존증
저소비 저장증	자린고비형 숭배형	돈 쓰는 마음 (-)		베짱이형 유아형	충동구매 과소비
도박 투기	사냥꾼형 일확천금형	돈 불리는 마음 (x)		무념형	가난의 맹세
가난의 맹세 퍼주기	무념형	돈 나누는 마음 (÷)		자린고비형 숭배형	저소비 저장증

첫 번째는 돈 버는 마음이 강하면 모험가형이 나타나고 심하면 일중독 장애가 발생합니다. 반대로 돈 버는 마음이 약하면 베짱이형이 나타나고 심하면 의존증의 장애가 나타납니다. 이제 어떤 사람은 죽기 살기로 일하는데 어떤 사람은 왜 게으르게 살면서 남에게 의존하는지 그 이유를 알 수 있을 것 같습니다. 게을러서 베짱이가 아니라 마음이 그 사람을 게으르게 하는 것입니다. 그러므로 내 삶을 망치는 버릇이 있다면 마음에서 작동하는 것을 제거하면 됩니다.

두 번째, 돈 쓰는 마음이 강하면 자린고비형과 숭배형이 나타납니다. 이런 경우 재무 장애는 돈을 쓰지 못하는 저소비가 나타나고 물건을 아까워서 버리지 못하는 저장증의 증세가 나타나기도 합니다. 반대로 돈 쓰는 마음이 약하면 베짱이형과 유아형이 나타나고 재무 장애로는 충동구매와 과소비가 나타납니다.

세 번째, 돈 불리는 마음이 강하면 사냥꾼형과 일확천금형이 나타나고 도박, 투기 등의 위험한 방법으로 돈을 불리려는 재무 장애가 나타납니다. 반대로 이 마음이 약하면 무념형이 나타나고 재무 장애는 가난의 맹세입니다. "왜 그렇게 욕심 내며 악착같이 돈을 따라다녀? 자족하며 살아" 같은 말과 행동을 하게 되어 돈을 건강하게 불릴 수 있는 기회조차 갖지 못하게 됩니다.

마지막으로 돈 나누는 마음이 강하면 무념형이 나타나고 장애로는 가난의 맹세와 퍼주기입니다. 남을 위해 가진 것 다 베풀면서 정작 자신은 어렵게 살 수 있습니다. 반대로 이 마음이 약하면 자린고비형과 숭배형이 나타나고 돈을 절대 쓰지 않으려는 저소비와 쌓아 두는 저장증이 나타납니다.

여러분은 어떤 유형에 속합니까? 어떤 재무 장애가 나타나고 있습니까? 현재 어떤 유형이든 어떤 장애가 나타나든 건강한 마음의 씨를 뿌려 자라게 하면 됩니다. 그러면 건강한 경제생활을 할 수 있습니다.

무엇이 되었든 과유불급입니다. 너무 지나쳐도 안 되고 너무 모자라도 안 됩니다. 언제든지 균형을 유지할 수 있어야 합니다.

4가지 마음이 작용하는 순서

4가지 마음이 일정한 순서대로 움직여야 건강합니다. 첫 번째가 돈 버는 마음, 두 번째가 돈 쓰는 마음, 세 번째가 돈 불리는 마음, 네 번째가 돈 나누는 마음으로 즉, 시계 방향으로 순환되는 것이 건강한 마음입니다.

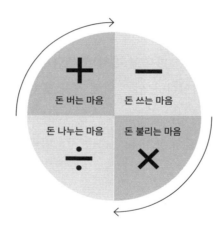

따라서 돈을 벌면 건강하게 쓰면서 적당한 금액을 남겨야 하고, 남긴 돈은 반드시 저축이나 투자로 불려야 하며, 마지막으로 남을 위해 돈을 쓸 수 있어야 건강한 삶이라고 할 수 있습니다. 그런데 이 순서가 바뀌

면 완전히 다른 결과를 가져오게 됩니다.

예를 들어, 돈을 번 뒤 바로 나누기의 순서로 가면 그 결과는 어떨까요? 돈을 벌면 남에게 나누는 것이 가장 우선시될 경우, 남한테는 인정받을지 몰라도 정작 자신과 가족은 늘 쪼들리는 삶을 살 수 있습니다. 당연히 가족으로부터 좋은 점수를 받지 못하게 됩니다. 이 경우 나누기는 퍼주기가 되고 맙니다.

혹시 가족들한테 실속이 없다는 소리를 들어 보았습니까? 가정이나 먼저 챙기라는 말은요? 혹시 내가 나누기가 아니라 퍼주기를 하고 있지는 않은지 돌아보기 바랍니다.

고사성어 중에 '수신제가 치국평천하'(修身齊家 治國平天下)라는 말이 있습니다. 나라를 다스리기 전에 가정부터 잘 세우라는 의미입니다. 원대한 포부나 세상을 구하는 의로움도 자신의 가정을 먼저 세울 때 진정성을 가질 수 있습니다. 남을 돕는 것도 필요한 일이지만, 남에게 피해 주지 않고 남의 도움을 받지 않는 것도 남을 돕는 일입니다. 우리 각자가 남의 도움을 받지 않고 독립적으로 잘 살아간다면, 그것이야말로 건강한 사회를 만드는 일일 것입니다.

자녀라면 나중에 효도하겠다 하지 말고 하루 빨리 부모로부터 독립해 홀로서기를 하는 것이 효도하는 길입니다. 자녀가 홀로서기를 못하면 부모는 그만큼 짐을 지고 사는 것이기 때문입니다.

나누는 마음을 제외한 3가지 마음은 부의 축적 과정에 관여하고 있습니다.

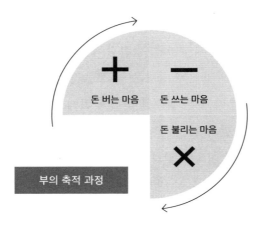

+ 돈 버는 마음
− 돈 쓰는 마음
돈 불리는 마음
×

부의 축적 과정

  이 프로세스를 어떻게 관리하느냐에 따라서 부를 얼마나 축적할 수 있을지가 결정됩니다.

  남 못지않게 돈을 버는데 모이는 것이 없습니까? 이 경우, 돈 버는 마음은 강하나 돈 쓰는 마음이 건강하지 못해 버는 돈보다 소비가 많기 때문이거나, 돈을 불리는 마음이 건강하지 못해 기껏 모은 돈을 날려 버리기 때문입니다.

  반면, 소득은 많지 않지만 탄탄하게 재산을 불려 나가는 사람도 있습니다. 돈 버는 마음은 약해도 돈 쓰는 마음과 불리는 마음이 건강한 경우라고 할 수 있습니다. 즉 철저한 예산 관리를 통해 지출을 통제하고 돈을 남긴 뒤 안전하게 불린 것입니다.

  돈 버는 마음과 돈 쓰는 마음, 돈 불리는 마음은 이처럼 부의 형성과

밀접한 연관이 있습니다. 그렇다면 부의 형성과 관련이 없는 나누는 마음이 중요하다고 하는 이유는 무엇일까요?

돈의 3가지 마음을 잘 관리해 부의 축적 과정을 마쳤다면 돈은 많아질 수 있습니다. 하지만 나누는 마음이 건강하지 못하면 행복할 수 없습니다. 나누는 마음이 건강한가 그렇지 않은가에 따라 많은 돈을 갖고도 행복하게 사느냐 그렇지 못하느냐가 결정됩니다.

나누는 마음은 저수지의 수문과 같습니다. 적절히 수위를 조절해 최적의 상태를 유지하고 물을 순환시키는 역할을 하지 못하면, 댐이 넘쳐서 큰 재앙이 되거나 물이 고여서 썩어 버릴 수 있습니다. 많은 돈 때문에 자녀가 망가지거나 가족 간에 분쟁과 갈등이 일어나는 것은 나누는 마음이 건강하지 못하고 병들어 있기 때문입니다.

돈은 많으나 그 돈을 지키기 위해 안간힘을 쓰고 있다면 나누는 마음

5장 돈의 마음

이 병들어 있음을 알아야 합니다. 또한 늘 돈 걱정에서 벗어나지 못하고 있다면 4가지 마음 중 어떤 것이 문제인지 점검하고 건강하게 해야 합니다.

연령대별 4가지 마음의 우선순위

사람은 태어나서 죽을 때까지 돈과 떼려야 뗄 수 없는 삶을 살게 됩니다. 4가지 마음이 다 건강해야 하지만 시기별로 더 강해져야 하는 마음이 있습니다.

어릴 때는 돈 쓰는 마음을 키워 돈을 헛되이 쓰지 않고 관리하는 습관을 길러야 합니다. 직장을 다니는 청년이라면 돈 버는 마음이 강해야 합니다. 그래야 취업과 돈 버는 행동에 더욱 적극적이고 성과를 얻을 수 있습니다.

중년이 될수록 많이 버는 만큼 돈 쓰는 행동이 커질 것입니다. 그리고 이 시기에는 돈 불리는 마음도 더욱 강해져야 합니다. 그래야 자신의 돈을 크게 만들어 미래를 준비할 수 있습니다.

마지막으로 은퇴 이후에는 나누는 마음에 집중해야 합니다. 가진 돈이 있다면 남을 위해 베풀고 사회에 환원하는 마음을 가져야 삶을 아름답게 마무리할 수 있습니다.

때에 맞는 마음 상태가 되지 않으면 인생이 곤란을 겪게 됩니다. 벌어야 할 때 놀면서 돈만 쓰는 청년, 불려야 될 때 불리지 못해 오히려 뒷걸음치는 중년, 나눠야 할 때 나누지 못하고 오히려 더 잡으려고 발버둥치는 노년이라면 곤란합니다.

여러분은 지금 무슨 마음이 더욱 필요한가요?

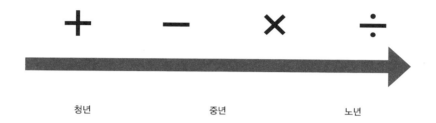

5장 돈의 마음

6장

돈의 행동

매월 흑자로 살려면?

이제 여러분은 자신의 유형과 돈의 4가지 마음을 알았고 어떤 것을 고쳐야 하는지 알게 되었을 것입니다. 하지만 아는 것은 시작에 불과합니다. 실천과 행동이 없으면 아무것도 일어나지 않으니까요. 부요의 계단을 오르기 위해서는 반드시 돈을 버는 행동(+), 돈을 쓰는 행동(-), 돈을 불리는 행동(×), 돈을 나누는 행동(÷)을 할 수밖에 없습니다. 이제부터 구체적인 행동 가이드라인을 제시해 볼까 합니다.

첫 번째	돈 버는 행동을 올바르게 하라
두 번째	돈 쓰는 행동을 올바르게 하라
세 번째	돈 불리는 행동을 올바르게 하라
네 번째	돈 나누는 행동을 올바르게 하라

이런 순서로 진행해 보도록 하겠습니다.

4가지 행동의 결과로 나타나는 재무 상태

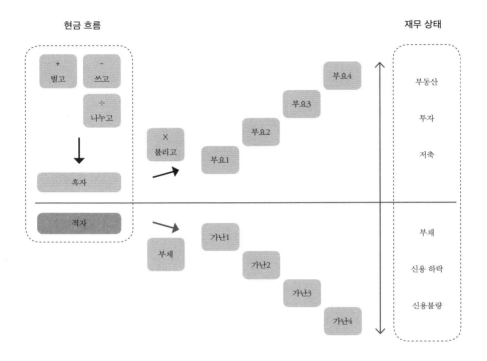

위 표를 보면 왼쪽에 현금 흐름이 있고 오른쪽에 재무 상태가 있습니다. 현금 흐름은 돈을 벌고(+) 쓰고(-) 나누는(÷) 3가지 행동으로 만들어지며, 이에 따라 매월 흑자가 나거나 적자가 나게 됩니다. 이때 계속해서 흑자가 날 경우 불리는 행동(×)을 통해 부요의 계단을 차근차근 올라가게 됩니다. 반면에 적자가 계속되면 부채가 발생하고 이 상태가 악화되면 가난의 길로 가게 됩니다. 쉽게 말해, 여러분의 재정 상태는 한 달 동안 돈을 벌고 쓰고 나눈 결과가 모여서 1년이 되고 10년이 되어 부자가 되는가 하면 더 가난해지기도 하는 것입니다.

여러분은 어떤 것을 향해 가고 있습니까? 중요한 것은 매월 흑자의 삶을 살고자 하는 노력이라고 할 수 있습니다. 오늘 하루 흑자를 내지 못하면 한 달 흑자를 내기 어렵고 한 달 흑자를 내기 어려우면 1년이 지나도 흑자를 낼 수 없다는 사실을 명심하기 바랍니다.

매월 흑자를 내려면 어떻게 해야 할까요?

간단합니다. 수입보다 지출이 적으면 됩니다. 돈 쓸 데가 너무 많다고요? 지출을 줄이고 싶지 않다면 수입을 늘리면 됩니다. 가능하지 않다고요? 그렇다면 지출을 줄여야 합니다.

다음 스토리를 읽고 생각해 보세요.

___ 나평범 씨의 하루

직장인 나평범 씨는 아침에 일어나서 밥 먹고 지하철 타고 출근하면서 핸드폰으로 음원을 다운받아 음악을 듣습니다. 지하철에서 내리면 매일 가는 커피숍에서 4100원짜리 아메리카노 한 잔을 사서 사무실에 들어갑니다.

사무실에 들어가서는 "좋은 아침입니다" 하고 인사를 나누고 일을 시작합니다. 열심히 일하다 보니 어느덧 점심시간이 되어 동료와 같이 중국집에 가서 6000원짜리 짜장면을 먹었습니다. 남은 시간에 주식 시황

6장 돈의 행동

을 보니 자신이 투자한 A주식 100주가 30만 원 정도 올랐습니다. 더 오를 것 같아 주당 5만 원에 20주를 더 매입했습니다. 그리고 기분이 너무 좋아 김 대리에게 아메리카노 한 잔을 사주었습니다.

오후 일과를 마치고 퇴근하려는데 옆에 앉은 김 대리가 저녁을 사겠다고 하여 삼겹살을 맛있게 먹고 기분 좋게 집으로 돌아왔습니다.

흔한 직장인의 풍경입니다. 그런데 나평범 씨의 하루를 돈의 행동으로 보면 건강한 것일까요, 아닐까요?

나평범 씨의 하루를 돈의 행동으로 살펴보면 다음과 같습니다.

돈 버는 행동(+): 출근하여 열심히 일한 것

돈 쓰는 행동(-): 아침밥, 지하철 왕복 교통비, 음원 다운로드, 아메리카노 한 잔, 짜장면

돈 불리는 행동(×): A주식 20주(100만 원) 매수

돈 나누는 행동(÷): 김 대리에게 커피 한 잔

우선 돈 버는 행동은 열심히 일을 했으니까 문제 없어 보이고, 두 번째 돈 쓰는 행동도 여러 가지 소비를 했지만 모든 것이 계획에 있었던 것이니 문제가 없습니다. 돈 불리는 행동은 주식을 추가로 20주 백만 원 어치 매수한 것인데, 이것이 잘된 행동인지 아닌지는 이익을 보느냐 손실을 보느냐에 달려 있습니다. 하지만 건강한 투자를 하려면 심사숙고가 필요합니다. 마지막으로 돈 나누는 행동은 김 대리에게 커피 한 잔

사준 것인데, 이것은 저녁에 김 대리한테 저녁을 얻어먹는 마중물이 되었다고 할 수 있습니다.

나평범 씨를 통해 우리가 알 수 있는 것은, 우리는 모두 매일같이 돈과 관련된 행동을 한다는 것이고, 그 행동들이 모여 한 달을 흑자 혹은 적자로 만든다는 것입니다.

여러분의 오늘 하루는 어땠나요?

이제부터 4가지 행동을 어떻게 해야 잘하는 것인지 구체적으로 살펴보겠습니다.

돈 버는 행동(+)

- 돈 버는 행동을 하라
- 업무 성과를 내고 인정을 받으라
- 거기에 맞는 행동을 하라

자신의 일이나 사업에 있어서 직접적으로 소득을 발생시키거나 증대시키는 여러 가지 행동들이 있는데 이를 돈 버는 행동이라고 합니다.

'열심히 일하면 부자가 되고 인정을 받게 된다'는 말에 대해 어떻게 생각합니까? 이 말이 참이 되려면 좀 더 구체적인 설명이 필요합니다. 열심히만 해서는 안 됩니다. 원하는 결과와 성과를 가져오는 일이나 행동을 열심히 해야 합니다. 다음의 사례를 들어 보십시오.

식당을 하는 부부가 장사가 안된다고 걱정을 하면서 저를 찾아왔습니다. 새벽부터 나와 열심히 청소하고 준비해서 손님 맞을 준비를 하는데 손님이 오지 않는다는 겁니다. 그러면서 아무리 열심히 해도 안된다고 푸념을 했습니다.

그래서 제가 어떤 것을 열심히 했는지 물었습니다. 답은 새벽에 일어나 시장에 가서 필요한 식재료를 사고 가게로 돌아와 음식을 준비하고 청소를 깨끗이 하고 손님을 기다린다는 것이었습니다. 이 부부의 돈 버는 행동에 문제가 있다면 무엇일까요?

손님이 늘어나지 않으면 어떻게 해야 할까요? 당연히 손님 유치를 위해 여러 가지 활동을 해야 합니다. 이 부부는 이런 노력은 하지 않고 준비만 열심히 했습니다.

한편, 매출을 올리는 또 한 가지 방법이 있습니다. 그것은 손님들이 먹는 평균 음식값 즉 객단가를 높이는 것입니다. 객단가를 높이는 방법은 좀 더 높은 금액의 음식을 먹도록 유도하는 업셀링(up-selling)과 햄버거와 감자튀김 등을 같이 먹을 수 있도록 유도하는 크로스셀링(cross-selling)이 있습니다

이렇듯 부부는 매출에 직접적으로 영향을 미치는 행동은 하지 않고 열심히 일만 했습니다. 그러니 매출을 올릴 수 없는 겁니다. 그러므로 자신이 하는 행동이 돈과 성과에 직접적인 것인지 아니면 간접적인 것인지 또는 아무 상관없는 일인지를 살펴보고 개선이 필요하면 개선을

해야 할 것입니다. 이를 위해 하루 동안 하는 행동들을 다음과 같이 분류하는 것이 필요합니다.

돈 버는 행동 분류

돈 버는 행동(Making)		
CODE (적정 비중)	내용	해설
M0	기초 및 보조 활동	출퇴근/회의/기타 활동
MX	성과 창출과 관련 없는 행동	인터넷 쇼핑/잡담/주식 확인/기타
M1	이번 달 성과 창출 행동	이번 달에 영업 성과가 나오거나 수행해야 하는 업무 과제
M2	다음 달 성과 창출 행동	다음 달에 영업 성과가 나오거나 수행해야 하는 업무 과제
M3	두 달 후 성과 창출 행동	두 달 후에 영업 성과가 나오거나 수행해야 하는 업무 과제
M4	장기적 성과 창출 행동	장기적으로 영업 성과에 도움이 되거나 업무 수행에 도움이 되는 일

오늘 하루 활동 내역을 적고 코드(code)로 분류해 보세요.

오늘 활동 내역	시간	성과	코드
☐			
☐			
☐			
☐			
☐			
☐			
☐			
소계			

체크 사항

• 여러분의 활동이 어디에 분류되어 있나요?

이번 달에 성과를 내거나 돈을 벌려면 M1에 집중되어야 하는데 혹시 M2나 M3 아니면 MX에 시간 할애를 많이 하고 있지는 않았나요? 성과 는 행동의 결과로 나타나는 것이므로 돈을 벌거나 성과를 내려면 그에 맞는 행동을 해야 합니다. 그냥 열심히 하는 것이 아니라 돈이나 성과를 창출하는 행동을 열심히 해야 하는 것입니다.

돈 쓰는 행동(-)

- 계획하고 쓰라
- 균형 있게 돈을 쓰라
- 재미있게 돈을 쓰라(fun)
- 자유롭게 돈을 쓰라(free)

돈을 쓸까 말까 고민될 때가 많지 않나요? 월급날 돈을 쥐어 보지도 못하고 통장에서 다 빠져나가 버려서 허탈하지 않나요? 그동안 돈을 안 쓰는 방법도 연구해 보고 전문가와 상담도 받아 봤지만 여전히 똑같은 문제를 겪고 있나요?

이제는 안 쓰려고 하는 방법이 아니라 돈을 쓰면서 돈을 버는 뉴플러스 방식의 소비 행동을 배워 볼 때입니다.

소비의 기준이란 말을 들어 보셨나요? 소비의 기준이란 우리의 소비 행동을 결정하는 심리적 기준을 말합니다. 소비의 기준에는 편리냐 불편이냐는 두 가지 기준이 있습니다. 기준이 편리인지 불편인지에 따라 소비 행태가 달라지는 것입니다.

편리가 기준인 사람은 더 편하고 좋은 것이 나오면 새로 사야 하고, 불편이 기준인 사람은 불편하지 않으면 바꾸지 않는 것입니다. 예전에 TV에서 짠순이로 알려진 배우가 한 인터뷰에서 아주 오래되고 낡은 물건을 왜 바꾸지 않느냐는 질문에 쓰는 데 불편하지 않다고 대답한 적이 있습니다. 편리가 기준인 사람은 집에 있는 물건을 새것으로 바꾸려고 밖으로 내다 버리고, 불편이 기준인 사람은 밖에 버려진 쓸 만한 물건을 집으로 가져옵니다.

여러분의 기준은 뭔가요? 신상이 나오면 사야만 합니까? 한 번 사면 버릴 때까지 씁니까? 제 얘기는 물건을 사지 말고 주워 오라는 말이 아닙니다. 소비에 대한 생각이 어느 기준에 설정되어 있느냐에 따라 소비 행동이 달라진다는 것을 말하고 있습니다.

소비의 핵심은 '계획'하는 것과 '가계부를 작성'하는 것입니다. 자린고비 성향이 강한 사람은 어떤 형태로든 가계부를 적고 있을 것입니다. 이 성향이 약한 사람은 매번 가계부를 쓰겠다 마음먹어도 잘 안 될 것입니다. 이처럼 가계부를 잘 쓰지 못하는 사람들을 위해 '먹마놀 가계부'를 소개할까 합니다.

먹마놀? 바로 '먹고 마시고 놀고'를 뜻합니다. 우리의 일상을 쉽고 재미있게 기록하는 가계부를 말합니다.

'먹마놀 가계부'는 계획적인 소비를 하지 못하는 사람들의 소비 행동을 수정할 때 제가 사용하는 도구입니다. 딱딱한 가계부를 쓰기 힘들어 하는 분들이 아주 좋아합니다. 일종의 굶으면서 다이어트하는 것이 아니라 먹으면서 다이어트하는 방법이라고 할 수 있습니다.

'먹마놀 가계부'의 목적은 계획하지 않고 즉흥적으로 소비하고 불필요한 것을 지나치게 사는 충동구매와 과소비를 줄이고 계획적으로 소비 활동을 하게 하는 것입니다. 절대 돈을 쥐어짜 절약하는 것이 목적이 아닙니다. 지금까지 적용했던 절약 프로그램은 성공하기가 어려웠습니다. 그것은 우리의 본성이 제일 싫어하는 것이 절약하고 아끼는 것이기 때문입니다. 그러므로 '먹마놀 가계부'는 쓰지 말자가 아니라 '잘 쓰자'는 운동입니다.

이를 위해 가장 먼저 할 일은 '쓸 것을 미리 계획하는 것'입니다. 충동구매와 과소비를 줄이는 것이 목표입니다.

그런 다음 두 번째 할 일은 불필요한 지출을 찾아 그 지출만큼 저축하는 것입니다. 한마디로 마이너스(지출)를 마이너스(빼면)하여 플러스(소득)가 되게 하는 뉴플러스 소비법입니다.

세 번째는 균형 있는 소비를 하는 것입니다. 어느 한 분야에 소비가 집중되지 않고 골고루 이루어지도록 하는 것입니다. 먹고 마시고 놀고 타고 꾸미고 공부하는 것에 골고루 소비가 되도록 하자는 겁니다. 먹고 마시고 노는 데만 돈을 써서도 안 되고 공부하는 데만 돈을 쓰는 것도 건강하지 못한 모습입니다.

그런데 문제는 돈이 없어서 먹고 마시고 타는 소비밖에 할 수 없다는 것입니다. 그럴 때는 어떻게 해서든 소득을 늘려야 합니다. 적어도 먹고 마시고 놀고 하고 싶은 것 하면서 살아야 억울하지 않잖아요. 흙수저 금수저 따지지 말고 소중한 내 인생을 가꾸는 것은 바로 내가 할 몫입니다.

이제부터 나의 소비 균형을 확인해 보겠습니다. 지난 달 각 분야에 지출한 금액과 그것이 전체 소비 중에 차지하는 비중을 적어 보세요.

지난 달 내가 쓴 돈 정리해 보기

분야	세부 항목	회수	단가	합계
먹고	아침			
	점심			
	저녁			
마시고	커피			
	음료			
놀고	여행			
	영화			
	사우나			
	모임 및 회식			
	게임			
	운동 및 기타			
타고	지하철			
	버스			
	택시			
	자가용			
	주유비			
	주차비			
	기타			

꾸미고	이미용			
	옷			
	신발			
	화장품			
	기타			
공부하고	자격증			
	기타			
기타	충동구매			
합계				

체크 사항

- 어느 항목에 가장 많은 지출을 하고 있나요?
- 골고루 균형 있게 쓰고 있나요?
- 소비를 못하는 분야는 무엇인가요? 그 이유는 무엇인가요?

이제 다음 달에 돈 쓸 것을 미리 계획하고 예산을 정해 보는 시간입니다.

작성 요령

- 한 달 동안 쓸 것을 미리 계획하고 반드시 그 달 안에 다 쓴다.
- 칭찬 쿠폰을 만든다.

먹마놀 소비 계획

분야	세부 항목	회수	단가	합계
먹고	아침			
	점심	20	7,000	140,000
	저녁	10	7,000	70,000
마시고	커피	40	4,500	180,000
	음료			
놀고	여행	1	200,000	200,000
	영화	2	12,000	24,000
	사우나	2	7,000	14,000
	모임 및 회식	2	50,000	100,000
	게임			
	운동 및 기타	1	100,000	100,000

타고	지하철			
	버스			
	택시			
	자가용	20		
	주유비	6	50,000	300,000
	주차비	1	100,000	100,000
	기타			
꾸미고	이미용	1	20,000	20,000
	옷			
	신발			
	화장품			
	기타			
공부하고	자격증			
	기타			
기타	충동구매	1	200,000	200,000
합계				

먹마놀 쿠폰북

미리 계획하고 예산에 정한 대로 소비했을 때마다 '먹마놀 쿠폰북'을
이용해 보십시오.

분야	세부 항복	쿠폰
먹고	아침	
	점심	☆ ☆ ☆
	저녁	
마시고	커피	
	음료	
놀고	여행	
	영화	
	사우나	
	모임 및 회식	
	게임	
	운동 및 기타	
타고	지하철	
	버스	
	택시	
	자가용	
	주유비	
	주차비	
	기타	

꾸미고	이미용	
	옷	
	신발	
	화장품	
	기타	
공부하고	자격증	
	기타	
기타	충동구매	
합계		

다음 단계는 여러분의 소비가 건강하게 자리 잡을 수 있도록 확인하는 단계입니다. 아래와 같이 행동별로 코드를 분류해 보겠습니다.

돈 쓰는 행동 코드 분류

소비 활동(Spending)		
CODE	내용	해설
S1	계획 소비	먹마놀에 계획되어 있는 소비 행동
S2	충동 소비	먹마놀 계획에 없는 소비 행동

6장 돈의 행동

오늘 돈 쓴 행동 기록해 보기

	오늘 소비 내역	시간	금액	코드
☐				
☐				
☐				
☐				
☐				
☐				
☐				
☐				
☐				
☐				
☐				
☐				
☐				
☐				
☐				
☐				
☐				
	소계			

체크 사항

• 오늘 여러분은 S1만 했나요?

기록한 결과, 소비 행동이 S1만 있다면 ok. 그러나 S2가 있다면? 하지만 그것이 계획표에 있던 충동구매 금액과 일치한다면 S2가 아니라 S1이 됩니다. 그런데 그 금액보다 초과되었거나 아예 계획에 충동구매가 없었다면 그것은 S2가 되어 앞으로 수정이 필요한 소비 행동이 됩니다.

___ 알아 두면 좋은 지식: 적정 지출 가이드라인

도대체 수입이 생기면 어느 정도 소비하는 것이 적정한 걸까요? 사람마다 만족과 효용이 다를 수 있지만 일반적으로 아래와 같은 기준을 적용합니다.

가계수지 지표	$\dfrac{(\text{고정지출}+\text{변동지출})}{\text{총소득}}$	20대: 50%이하 30대: 70%이하 40대: 80% 이하 50대: 90% 이하 65세 이상: 95% 이하

이 지표에 따르면, 총수입에서 20대는 50% 이하를 소비하는 것이 적정하고, 30대는 70% 이하, 40대는 80% 이하, 50대는 90% 이하, 65세

이상은 95% 이하를 소비하는 것이 적정합니다. 연령이 젊을수록 소비 비중이 낮아야 하고, 나이가 많으면 그만큼 지출이 많이 발생한다는 것을 알려 주는 지표입니다. 그리고 어떤 연령대든 지출이 수입을 초과해서는 안 됩니다.

___ 돈, 어디서 새나

돈 벌기는 쉽지 않지만 쓰기는 쉬운 돈. 여러분은 제대로 쓰고 있나요? 혹시 자신도 모르게 새는 돈은 없는지 살펴볼 필요가 있습니다. 새는 돈을 막는 것이 바로 돈 버는 일입니다. 돈이 어디서 새고 있을까요?

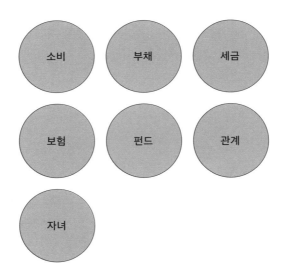

돈 새는 구멍 첫 번째는 소비입니다. 이것은 먹마놀을 통해서 해결하

면 좋을 것 같습니다.

두 번째 구멍은 부채입니다. 대출에는 반드시 이자가 붙습니다. 저리로 대출해야 할까요, 고리로 해야 할까요? 당연히 저리로 해야 합니다. 저리로 받으려면 어떻게 해야 하나요?

첫째, 신용 등급이 좋아야 합니다. 1등급부터 10등급까지 신용 등급에 따라 이자가 아주 많이 차이 납니다. 신용 등급이 낮으면 그만큼 돈이 새게 됩니다.

둘째, 대출을 받을 때는 아주 신중하게 여러 곳을 비교해서 가장 낮은 금리로 하는 노력을 반드시 해야 합니다. 상담을 해보면 몰라서 아니면 귀찮아서 그리고 빨리 갚을 건데라고 생각해서 대충 알아보고 대출받는 사람이 의외로 많습니다. 이런 것이 돈을 새게 하는 행동입니다.

세 번째 구멍은 세금입니다. 잘 모르면 줄일 수 있는 세금도 그냥 내게 됩니다. 또한 부주의로 과태료를 물게 될 수도 있습니다. 연말 정산할 때도 꼼꼼하게 챙겨서 환급을 받아야 합니다. 귀찮다 하지 말고 꼼꼼히 챙겨서 돈이 새지 못하게 해야 합니다.

네 번째 구멍은 보험입니다. 보험은 살면서 불가항력적으로 발생할 수 있는 위험을 대비하는 필수 항목입니다. 그런데 보험에 가입할 때 설계사의 얘기만 듣고 하는 경우가 많습니다. 그렇다 보니 중복 가입을 하거나 필요 이상으로 많이 가입하는 경우가 발생합니다. 특히 보험은 장기적으로 납입해야 하기 때문에 계속 돈이 새는 큰 구멍이 될 수 있습니다. 만약 20만 원이면 족한 것을 매달 30만 원을 내고 있다면 매달 10만 원씩 돈이 새는 것입니다. 1년이면 120만 원, 10년이면 1200만 원이 새게 됩니다. 이 돈을 저축이나 투자를 했다면 돈을 불렸을 것입니다. 따라서 여러분의 보험이 건강한지 복수의 전문가에게 상담해서 점검하기 바랍니다.

다섯 번째 구멍은 펀드입니다. 내가 가입한 펀드의 수익률이 시장 평균 수익률보다 높습니까, 아니면 낮습니까? 펀드 수익률이 시장 평균보다 낮다면 그만큼 기회비용이 발생하여 돈이 새고 있는 것입니다. 만약 이 펀드에 들지 않고 저 펀드에 들었다면 수익이 훨씬 높았을 텐데라는 생각을 한 적이 있을 것입니다. 펀드 투자를 한 뒤에는 막연히 믿고 기다리지 말고 수시로 수익률을 챙기고 때로 펀드 변경을 통해 수익률을 높이려는 노력을 해야 합니다.

여섯 번째 구멍은 인간관계입니다. 인생을 살다 보면 만나지 말아야할 사람을 만나 손해 보는 경우가 생깁니다. 또한 관계를 정리하지 못해계속해서 피해를 보는 경우도 많습니다. 이런 관계를 정리하면 새는 돈이 줄어듭니다.

일곱 번째 구멍은 자녀입니다. 어떻게 보면 인생에서 제일 큰 돈구멍입니다. 부모는 자녀가 독립할 때까지 뒷받침해 줘야 할 책임이 있으니까요. 그런데 자녀가 독립할 때가 되었는데도 그렇지 못할 때 어떻게 해야 할까요? 그래서 자녀가 건강하게 잘 커서 독립하여 잘 사는 게 가장 돈을 버는 일입니다.

자녀의 재무 심리는 부모로부터 대물림된다고 하니, 부모라면 자녀가 건강한 재무 심리를 가질 수 있도록 솔선수범해야 하고, 독립하지 않은 자녀라면 하루 빨리 독립해서 부모의 짐을 덜어 드려야 할 것입니다. 취업하기 힘든 환경이어서 이렇게 말하는 것이 매우 조심스럽지만, 그럼에도 힘내시라고 응원을 보냅니다.

돈 불리는 행동(×)

- 투자금을 준비하라
- 실력을 키워라
- 충분한 시간을 가져라

투자에 성공하기 위해서는 세 가지 주요한 것이 있는데 이것을 투자의 성공 3요소라고 합니다.

첫 번째는 투자자금 즉 종잣돈이 있어야 합니다. 투자를 하기 위해서는 일정 금액의 목돈을 마련해야 하는데, 우선은 1천만 원을 목표로 종잣돈을 준비하는 노력을 해야 합니다.

두 번째는 실력입니다. 투자자금 마련과 더불어 평소에 금융과 경제 지식을 배우고 투자나 재테크 기법에 대해 공부를 해서 실력을 연마해야 합니다. 경제 뉴스와 금융 정보를 매일 보는 습관도 필요합니다. 그리고 준비 단계에서는 실전 투자보다 증권 사이트 등에서 제공하는 모의 주식 거래를 통해 경험을 쌓는 게 필요합니다.

그리고 마지막 세 번째는 시간입니다. 다시 말하면 투자할 최소 자금이 필요하고 스스로 투자나 재테크에 대해 지식이나 스킬 등의 실력을 키운 다음, 충분한 시간을 가지고 투자해야 하는 것입니다. 남들이 주식이나 부동산 등으로 쉽게 돈 버는 것 같지만 그렇지 않습니다. 이 세 가지 성공 요소를 갖췄기 때문에 돈을 버는 것입니다. 섣불리 투자해서도 남의 말만 듣고 투자해서도 안 됩니다. 실패하기 십상입니다. 투자는 장기적인 관점에서 적정 수익률을 추구해야 하므로 충분한 시간을 확보할수록 달성 가능성이 높아지고 그만큼 돈도 많이 불어날 수 있습니다.

이외에도 투자 성공을 위한 행동들이 있습니다. 혼자서 투자하기보다는 전문가의 도움을 받는 것이 필요합니다. 여러 명의 전문가들의 의견을 듣고 종합적으로 판단하여 결정하는 게 좋습니다. 투자 결과에 대한 책임은 본인에게 있으므로 무엇보다 신중해야 합니다.

어쨌거나 투자하려면 신경 쓸 일이 한두 가지가 아닙니다. 하지만 그런 만큼 수익을 얻을 수 있으니 능력이 된다면 투자를 통해 돈을 불려야 할 것입니다.

돈 불리는 행동 코드 분류

돈 불리는 행동(Investing)		
CODE	내용	해설
I1	직접 투자	주식이나 펀드 등 투자 상품에 전문가 도움 없이 직접 투자하는 행동
I2	간접 투자	전문가의 가입 권유로 투자하는 행동
I3	투자 정보 수집 및 교육	투자 관련 지식, 정보, 테크닉 등을 배우는 행동
I4	투자 관리	이미 가입한 금융상품 수익률 확인 및 관리 행동

오늘 돈 불리는 행동 기록해 보기

오늘 돈 불리는 행동 내역	시간	금액	코드
☐			
☐			
☐			
☐			
☐			
☐			
☐			
소계			

체크 사항

직접 투자나 간접 투자는 아니더라도 최소한 'I3 투자 정보 수집 및 교육'이나 'I4 기존에 가입한 상품의 수익률 확인'은 해야 합니다.

___ 알아 두면 좋은 투자 관련 기초 지식

▶ 72의 법칙: 투자 원금이 2배가 되는 기간(연수)과 수익률의 관계를 나타내는 법칙입니다. 수익률과 기간을 곱하여 72가 되는 수익률과 연수를 찾는 것을 말합니다. 예를 들어 연 수익율이 3%이면 24년이 걸려야 원금의 두 배가 됩니다. 현재 은행 금리가 2%이면 36년이 걸려야 두 배가 된다는 이야기입니다. 그러니 저금리 시대에는 저축만으로는 돈을 불리기 어렵습니다. 투자 상품에 투자해야 하는 이유입니다.

▶ 100 나이의 법칙: 저축액 중에서 금융상품에 투자해야 하는 적정 비율을 나타냅니다. 예를 들어 30대이면 70% 정도를 금융 자산에 투자하는 것이 적절합니다. 즉 '30(나이)+70(금융상품 투자율)=100'인 법칙입니다.

▶ -50=+100 법칙: 50%를 손해 보면 100% 수익률이 나야 원금을

회복한다는 법칙입니다. 예를 들어 100만 원을 투자해서 50% 손해를 봤다면 얼마가 올라야 원금 100만원이 될까요? 금액으로는 50만 원이 오르면 되지만 현재 50만 원으로 가치가 떨어져 있기 때문에 수익률이 100% 올라야 원금을 회복한 것이 됩니다. 우리는 흔히 50% 떨어졌으니 50%만 다시 오르면 될 것으로 잘못 계산하는데, 내려간 것보다 2배가 올라야 하는 것입니다.

▶ 위험과 수익률의 상충관계(Risk Return Trade-off): 기대 수익률이 높으면 그에 따른 위험도 높아지고 수익률이 낮으면 위험도 낮아지는 것이 원칙입니다. 위험 없이 고수익을 원하는 것은 합리적이지 못한 태도입니다.

만약 누군가 여러분에게 단기간에 2배의 수익을 올려 주겠다고 제안했다고 합시다. 이 제안이 정당하고 합리적이라고 생각합니까? 지나치게 높은 수익을 단기간에 취하려 하기보다 장기적으로 적정 수익을 취하려는 자세가 건강한 것입니다. 나는 좀 위험하더라도 고수익 상품에 투자하겠다 하는 사람도 있을 것입니다. 이 경우, 위험을 감수할 각오를 해야 하고 최대한 위험을 회피하려는 노력을 해야 합니다.

이번에는 일반적으로 적용되는 저축 및 투자 가이드라인에 대해 알아보겠습니다. 그 기준은 다음과 같습니다.

6장 돈의 행동

저축 및 투자 가이드라인

지표	설명	비중
총 저축 성향 지표 (총 저축액/총소득)	총소득 중 미래를 위해 저축하는 비율	20대: 50% 이상 30대: 30% 이상 40대: 20% 이상 50대: 10% 이상 65세 이상: 5% 이상
금융투자 성향 지표 (금융투자금액/총저축액)	총 저축액 중 금융투자상품에 투자하는 비율	(100-연령)/100
금융자산 비중 지표 (금융자산/총자산)	현금을 빠르게 준비할 수 있는 정도	50% 이상

다음은 위험과 기간별로 해당되는 금융상품들을 매칭해 놓은 맵입니다. 아이구 복잡해, 어려워 하지 말고 금융상품이 이렇게 많으니 공부해 봐야겠다는 마음으로 살펴보기 바랍니다. 이때 전문가의 도움이 필요합니다. 전문가의 도움을 받되 스스로 공부하는 것도 게을리하지 않아서 자기 재산을 지키고 투자에도 성공하기 바랍니다.

금융상품 로드맵

	단기	중기	장기	은퇴
고위험 **고수익**	ELS, 자문형/ 일임형랩, 사모펀드(주식형)	주식형펀드, 소득공제장기 펀드, 해외주식펀드	주식형펀드, 주식형변액유니 버셜	주식형연금펀드, 주식형변액유니버설
중위험 **중수익**	ELB, ELF, ELD, 사모펀드 (채권, 부동산, 외환)	ISA, 해외채권형펀드, 혼합형펀드, 재형저축펀드	혼합형펀드, 해외채권형펀드, 혼합형변액유니 버셜	혼합형퇴직연금(IRP), 변액연금, 혼합형연금펀드, 해외채권형월지급식 펀드
저위험 **저수익**	CMA, MMF, 국내채권형펀드, 적금, 예금	국내채권형펀드, 재형저축	국내채권형펀드, 물가연동국채, 저축성보험	채권형퇴직연금(IRP), 개인연금보험, 채권형연금펀드, 채권형월지급식펀드

보장성 **보험**	의료실비 (입원, 외래, 약제)	암, 뇌혈관, 심장 상해/ 질병후유장애	일반 사망 (종신, 정기, 수입)	자동차, 운전자, 배상책임, 화재, 홀인원, 상조
	의료보장	진단보장	사망보장	손해보장

투자를 하다 보면 내가 투자하고 싶은 회사 상품과 다른 회사 상품을 비교하고 싶을 때가 있습니다. 그럴 경우 금융감독원 금융상품 비교 사

이트(http://finlife.fss.or.kr)에서 저축/펀드/대출/연금/보험을 한꺼번에 비교할 수 있습니다. 평소에도 실력 향상을 위해 관심을 가지면 좋을 것입니다.

돈 나누는 행동(÷)

- 이웃을 사랑하라
- 섬겨라
- 더불어 살아라
- 작은 나눔부터 실천하라
- 사회적 책임을 다하라

이제 4가지 행동 중 마지막 돈 나누는 행동이 남았습니다.

아마 대부분의 경우 지금까지 나눔에 대해 체계적으로 배울 기회가 없었을 것입니다. 당연히 나눔이 익숙하지 않을 것이고요. 매스컴을 통해 거액의 기부를 한 사람의 뉴스를 보거나 연말에 어린아이들이 고사리 손으로 구세군 기부함에 돈을 넣는 장면을 보면서 나눔에 대해 생각해 보는 게 고작이었을 것입니다.

그런데 돈이 많으면 많을수록 나눔이 힘든 것 같습니다. 오히려 어려운 사람들이 어려운 사람들의 사정을 알고 적은 돈이라도 십시일반 기부하는 것을 자주 봅니다. 세계 최고의 부자인 빌 게이츠, 워런 버핏, 마크 저커버그 등이 전 재산을 사회에 환원하는 것을 보면 참 부럽습니다. 우리나라 부자들은 어떻게든 절세해서 자녀에게 부를 상속하기 바쁘고 있는 돈으로 갑질이나 하다 보니 더 그렇습니다. 최근 우리나라에도 스포츠맨이나 연예인 등이 세계적인 명성을 쌓으며 엄청난 부를 얻고 있습니다. 하지만 그들이 사회를 위해 기부했다는 소식은 잘 들리지 않습니다.

왜 그럴까요? 그만큼 우리 사회에 나눔 문화가 부족하기 때문입니다. 또한 이웃과 더불어 살아가기보다 나만 잘살고 보겠다는 개인주의가 팽배하기 때문입니다.

하지만 부가 됐든 권력이 됐든 명성이 됐든 어떤 성과를 이루기까지 주변의 많은 사람들이 도움을 주었다는 사실을 잊어선 안 될 것입니다. 우리나라 재벌 또한 마찬가지입니다. 기업의 성공 뒤에는 국민의 도움과 응원이 있었기에 가능했다는 사실을 기억해야 합니다. 이 사실을 인정한다면 부를 나누는 것을 당연하게 여길 것입니다. 지금처럼 어떻게든 절세해서 자녀에게 부를 세습하는 데만 혈안이 된 모습을 보이지 않을 것입니다.

개인의 성공 또한 다른 사람의 도움 없이는 이루어지지 않습니다. 늘 감사한 마음으로 더불어 함께 사는 세상을 만드는 데 일조해야 할 것입니다.

그래서 나눔도 연습이 필요합니다. 돈이 많고 여유가 생기면 나눈다고 말하는 것은 나중에 돈이 많아져도 나누지 않겠다고 말하는 것과 똑같습니다. 작은 것이라도 나누는 습관이 안 된 사람은 당연히 큰 것을 나눌 수 없습니다. 지금 당장 단돈 만 원이라도 어려운 사람들을 위해 장기적으로 기부해 보는 것이 어떨까요?

나눔은 사랑이고, 배려이며, 더불어 살아가는 사람들의 사회적 책임입니다. 그리고 돈의 부패를 방지하고 사람을 살리는 생명수이며 더 큰 부를 불러오는 마중물입니다. 부자가 되고 싶다면 반드시 나눔을 실천하기 바랍니다.

돈 나누는 행동 코드 분류

돈 나누는 행동(Giving)		
CODE	내용	해설
G1	정기 기부	정기적으로 기부하는 행동
G2	즉흥 기부	즉흥적으로 남을 도와주고 나눠 주는 행동
G3	퍼주기	거절하지 못해 할 수 없이 나누는 행동

오늘 돈 나누는 행동 기록해 보기

	오늘 돈 불리는 행동 내역	시간	금액	코드
☐				
☐				
☐				
☐				
☐				
	소계			

체크 사항

• 오늘 어떤 나눔을 했나요?

MSIG의 16가지 유형

지금까지 돈에 대한 4가지 마음을 알아보았습니다. 돈 버는 능력(M), 돈 관리 능력(S), 돈 불리는 능력(I), 돈 나누는 능력(G)을 합쳐서 MSIG 능력이라고 이름을 붙였습니다. 4가지 능력에 따라 16가지 유형으로 나눌 수 있습니다. 예를 들어, 4가지 마음 모두를 골고루 가지고 있다면

MSIG형이고, M 한 분야만 있다면 M형, M, I, G 3개 분야가 있다면 MIG형, 네 마음이 하나도 없다면 NONE형입니다. 자신이 어떤 유형인지 검사할 수 있는 질문과 각 유형의 특징 및 고쳐야 할 부분을 부록에 수록했습니다.

__ MSIG 다이어리: 4가지 행동 종합 다이어리 기록해 보기

매일 아래 다이어리에 자신의 행동을 기록해 보고 행동 분류를 통해 건강한 행동을 했는지 알아보기 바랍니다

오늘 할 일		돈 버는 행동	시간	금액	코드
☐		☐			
☐		☐			
☐		☐			
☐		☐			
☐		☐			
☐		☐			
☐		☐			
☐					
시간	오늘 활동 내역	소계			
		돈 쓰는 행동	시간	금액	코드

			시간	금액	코드
		☐			
		☐			
		☐			
		☐			
		☐			
		☐			
		소계			
		돈 불리는 행동	**시간**	**금액**	**코드**
		☐			
		☐			
		소계			
		돈 나누는 행동	**시간**	**금액**	**코드**
		☐			
		☐			
		소계			

체크 사항

이 종합 다이어리는 하루 일과를 적은 뒤 스스로 돈 버는 행동(M)을 했는지, 계획된 소비행동(S)을 했는지, 적절히 돈 불리는 행동(I)을 했는지, 돈 나누는 행동(G)은 어떤 것이었는지 스스로 점검하고 계획과 실천을 일치시키는 아주 중요한 행동입니다.

돈 버는 행동(M)은 이번 달에 성과로 나오는지 아니면 다음 달에 나오는지를 파악하고 이번 달 목표에 집중하도록 하는 게 중요합니다.

돈 쓰는 행동(S)은 오늘 하루 계획한 소비를 했는지 아니면 충동구매를 했는지 파악하고 계획대로 갈 수 있도록 점검하는 것이 요지입니다.

돈 불리는 행동(I)으로는 계획대로 투자하고 있는지 점검할 수 있습니다. 만일 투자할 돈이 없다면, 최소한 투자 관련 공부를 매일 조금씩이라도 하고, 가입한 금융상품에 관심을 갖고 수익률 등을 꼼꼼히 챙겨보았는지를 점검하면 됩니다.

돈 나누는 행동(G)은 하루 동안 사람들과 더불어 살면서 최소한의 배려와 섬김 차원에서 남에게 어떤 나눔을 했는지 돌아보는 것이 필요합니다.

그러므로 하루를 마무리할 때 아래와 같이 정리해 보기 바랍니다.

▶ M1, S1, I3, G1: 오늘 하루 이번 달에 성과 나오는 일(M1)에 집중했고 소비는 계획된 소비만(S1) 했으며 투자 공부를(I3) 했고 정기적인 기부를(G1) 한 아주 건강한 재무 행동을 한 하루입니다.
당신의 재정에 플러스가 되는 하루입니다.

▶ MX, S2: 하루 종일 돈 되는 일이나 성과를 내는 일을 하지 않고 (MX) 시간을 허비했으며 소비는 계획하지 않은 충동구매를(S2) 했습니다.

오늘 하루 당신의 재무 행동은 건강하지 못하고 당신의 재정에 마이너스를 발생시켰습니다.

이렇게 매일 자신의 재무 행동을 정리하다 보면 건강한 행동으로 교정되고 그것이 쌓여서 어느 순간 아름다운 부자의 계단을 오르고 있는 자신을 발견하게 될 것입니다.

7장

돈의 성장

먼지가 쌓여 태산을 이룬다

먼지가 모여 태산을 이루고 작은 것이 모여서 큰 것이 됩니다. 투자는 돈을 성장시킵니다. 작은 돈이 모여 큰돈이 되고 푼돈이 모여 목돈이 되며 목돈이 모여 큰 부를 창출합니다. 천 리 길도 한 걸음부터 시작되고 흐르는 강물도 산속 깊은 옹달샘에서 나오는 물 한 방울로 시작됩니다.

　"돈이 없는데 어떻게 투자를 해""나는 왜 이렇게 돈이 없어. 나하고는 상관없는 얘기야"합니까? 네, 그럴 수 있습니다. 하지만 주변에 돈 많은 사람, 성공한 사람, 투자로 큰돈 번 사람들을 보면, 처음부터 잘된 사람보다 시련 후에 잘된 사람이 더 많습니다. 그리고 그들의 특징은 실패와 어려운 환경 속에서도 좌절하지 않고 희망을 바라보며 더 열심히 살았다는 사실입니다.

　영희와 철수라는 초등학생 친구가 있습니다. 이 친구들의 부모는 매일 용돈을 천 원씩 준다고 합니다. 그런데 용돈을 받으면 철수는 바로 동네 슈퍼에서 아이스크림을 사먹고, 영희는 사먹지 않고 한 달을 모읍니다. 어느 날 영희가 한 달 동안 모은 3만 원을 들고 나가다가 철수를

　　　　　　　　　　　　　　　　　　　7장 돈의 성장

만났습니다. 철수는 영희가 3만 원을 가진 것을 보고 자기 엄마가 용돈을 적게 줬다고 불평했습니다. 영희는 그날 고급 아이스크림을 사먹었습니다. 영희는 적은 용돈을 모아 더 좋은 것을 사본 경험을 한 뒤 1년을 모아 36만 5천 원으로 오랫동안 사고 싶던 것을 사겠다는 계획을 세웁니다. 1년 후 철수의 손에는 여전히 천 원이 들려 있고, 영희의 손에는 36만 5천 원이 들려 있게 되었습니다. 철수는 영희가 그렇게 큰돈을 가진 것을 보고 영희네가 부자라고 생각했습니다.

이처럼 적은 돈으로 목돈을 만들어 본 사람은 더 큰돈을 만들 수 있습니다. 지금 우리에게는 적은 돈을 모아 큰돈을 만들어 본 경험이 필요합니다. 돈이 없어 시작 단계부터 해야 하는 사람도 있을 테고, 이미 높은 성장 단계에 있어서 좀 더 큰돈을 가진 사람도 있을 것입니다. 어찌 됐든 각자의 단계에 맞는 큰돈 만들기를 하면 되는 것입니다.

그럼 시작해 볼까요?

1단계: 뉴플러스 통장을 만든다

적은 돈을 모아 종잣돈이 될 때까지 키우는 통장을 개설하고 그 통장 이름을 뉴플러스 통장이라고 부릅니다. 통장은 인터넷은행이나 시중은행 아무 곳에서 개설하거나 기존에 쓰지 않는 통장이 있다면 그것을 사용해도 좋습니다. 요즘은 보이스피싱 등 대포통장 문제로 통장 개설이 쉽지 않은 경우가 있으니 참고하기 바랍니다. 통장은 입금하면 기간에 관계없이 이자가 발생하는 CMA통장이나 MMF, MMDA 같은 계좌를 개설하는 것이 좋습니다.

2단계: 씨돈을 입금한다

뉴플러스 통장을 만들었다면 1만 원을 입금합니다. 천 원을 해도 상관없고 10만 원을 해도 상관없습니다. 이 최초의 돈을 씨돈이라고 합니다. 이것이 강의 근원이 되는 물 한 방울 역할을 하고 큰돈을 만드는 씨가 될 것입니다.

3단계: 흩어진 푼돈을 모은다

뉴플러스 통장에 씨돈을 넣었다면 이제는 그동안 버려졌던 푼돈을 모아야 합니다. 지금 당장 여러분 주위의 서랍이나 주머니, 지갑, 장롱, 소파, 책상 밑 등 집 안을 청소해 보세요 그러면 반드시 동전이나 푼돈이 나올 것입니다. 때로는 입지 않던 옷 속에서 지폐가 나오기도 합니다. 이 돈들을 모두 모아 뉴플러스 통장에 입금하세요.

어떤가요? 뉴플러스 통장이 조금씩 불어나고 있죠? 푼돈을 찾았다면 이제는 좀 더 적극적으로 새는 돈을 찾아내 뉴플러스 통장을 키워 볼까요?

4단계: 새는 돈을 찾아 뉴플러스 돈을 만든다

평소의 잘못된 생활습관이나 무관심으로 새는 돈이 많습니다. 우리는 돈을 더 많이 버는 데만 몰두하는데 새는 돈을 새지 않게 하는 것도 돈을 버는 일입니다. 혹시 예전에 가입하고 해약하지 않아 지금도 내고 있는 연회비나 비용 등이 있지 않나요? 당장 해약하고 그 돈만큼 매달 뉴플러스 통장에 입금하십시오. 평소에 하던 충동구매나 과소비를 하지 않고 참았다면 그 돈도 자동으로 뉴플러스 통장으로 고고 싱! 이런 식으로 뉴플러스 통장에 현금이 불어나는 겁니다. 이제 충동구매도 참을 만하지 않나요? 그것이 부자 심리를 키우는 방법이란 걸 우리는 이미 배웠습니다.

귀찮아서 자가용이나 택시를 타던 것을 대중교통이나 자전거, 또는 도보를 이용하는 것도 방법입니다. 힘들다고요? 당연히 힘듭니다. 우리의 본성은 서 있으면 앉고 싶고 앉으면 눕고 싶고 누우면 자고 싶으니까요. 하지만 본성이 시키는 대로 살다 보면 돈이 남아나지 않고 건강에도 좋지 않습니다. 저는 평소에 운동이 부족해서 자가용 대신 대중교통을 이용하거나 걷습니다. 돈도 벌고 건강도 챙기니 일석이조인 셈이지요.

예전에 연회비 내고 헬스장에서 운동한 적이 있는데 이러저러한 이유로 몇 번 못 갔습니다. 그런 것을 생각하면 걷는 것이 돈 버는 일이기도 합니다. 한편, 앞에서 배운 가난의 마음 중 베짱이형과 유아형을 고치기만 해도 뉴플러스 통장을 살찌울 수 있을 겁니다.

어떤가요? 나도 모르는 사이에 새는 돈이 있다는 걸 발견했나요?

또 한 가지 중요한 뉴플러스 방법은 부부관계를 좋게 하는 것입니다. 부부가 갈등하고 싸우게 되면 심하면 집 안 물건이 깨지고 홧김에 술 먹고 외박하는 등 돈 쓸 일이 생기게 마련입니다. 반면에 부부관계가 좋으면 서로 새는 돈을 막아 주고 격려해 주면서 마이너스를 플러스로 바꿀 수 있습니다.

이렇듯 평소 무심결에 하던 습관이나 잘못된 관계, 행동을 건강하고 행복한 방법으로 돌려놓으면 그게 바로 돈 버는 일입니다.

다음은 돈 되는 습관들입니다. 돈 되는 습관은 여러분의 뉴플러스 통장을 빠른 속도로 불려 줄 것입니다.

돈 버는 습관

습관	영향력
정리정돈하는 습관	정신적으로 맑은 상태가 된다. 주변을 깨끗이 하면 사전에 위험을 제거할 수 있고 모든 행동에서 불필요와 비효율을 제거할 수 있어 돈이 새는 것을 막을 수 있다.

기록하는 습관	기록은 행동을 지속적으로 추적하는 역할을 한다. 자신의 행동이 잘한 것인지 아니면 잘못된 것인지 점검할 수 있다. 그리고 기록을 하면 실수를 줄일 수 있고 목표 관리를 할 수 있어 효율성을 제고시키게 된다.
물을 받아서 세면하는 습관	물을 받아서 사용하는 습관은 필요한 만큼만 받아 사용하는 절제를 배우게 한다. 근검절약의 마음이 자리 잡게 되어 돈이 모이게 된다.
일찍 일어나는 습관	일찍 일어나는 부지런함은 근면 성실을 나타낸다. 일찍 일어나는 새가 먹이를 더 얻는 것처럼 부지런한 사람은 절대 굶지 않는다. 돈을 만들고 부르는 역할을 한다.
계획하는 습관	계획하는 습관은 비효율을 줄이고 위험 관리와 목표 관리에 매우 필요하다.
쇼핑 목록 작성 습관	충동구매와 과소비를 하지 않도록 제어하는 역할을 하고, 규모의 경제 활동을 할 수 있게 돕는다. 돈이 새지 않게 하는 역할을 한다.
가계부 쓰는 습관	매일 수입과 지출을 관리하는 것은 자신의 소비 행동을 점검할 수 있고 예산 내에서 소비할 수 있도록 하여 충동구매와 과소비 등을 예방할 수 있다.
인사하는 습관	인사는 영적 교류다. 남보다 먼저 크게 인사하는 것은 상대방으로 하여금 친밀감을 높이고 경계심을 낮추는 역할을 한다. 조직에서의 성공 요인 중 하나가 인사다. 인사는 돈을 부른다.
나누는 습관	나눔은 마중물이 된다. 나눔은 사람을 살리고 자신을 살린다.

마무리 잘하는 습관	일을 벌이기만 하고 마무리를 못하는 사람은 실속이 없고 문제를 일으키기 쉽다. 어떤 일이든 마무리를 깨끗이 해야 결과를 얻을 수 있다. 마무리는 돈이다.
부지런한 습관	부지런한 사람은 게으른 사람보다 돈 벌 기회가 많고 다른 사람들에게 좋은 평을 받게 된다. 부지런함은 성공과 돈을 버는 데 필수 요소다.
챙기는 습관	깜박하여 놓치는 것을 예방하고 시행착오를 예방하는 좋은 습관이다. 돈이 새는 것을 막는 역할을 한다.
저축 먼저 하고 남으면 쓰는 습관	돈이 항상 모이게 된다.
열면 반드시 닫는 습관	마무리를 하는 습관과 관련이 있다. 행동의 처음과 끝이 일관성이 있다고 할 수 있다. 돈이 새는 것을 막는다.
오늘 할 일을 내일로 미루지 않는 습관	실천력과 책임감을 나타낸다. 이러한 습관은 남들로부터 신뢰를 얻게 된다. 돈을 부르는 역할을 한다.
말보다는 실천하는 습관	앉아서 생각만 하는 것은 생산성이 없으며 움직이고 실천해야 뭔가를 이룰 수 있다. 실천과 실행력은 결단과 의지를 나타낸다.
칭찬하는 습관	긍정적인 말, 칭찬하는 말은 남도 살리고 자신도 살리는 일이다. 칭찬은 친화력을 가져온다.
약속을 잘 지키는 습관	약속은 바로 신뢰와 직결된다. 약속을 잘 지키면 신뢰가 쌓이고, 신뢰는 돈을 부른다.

항상 웃는 습관	"웃으면 복이 와요"라는 말처럼 웃음은 돈을 부른다. 밝은 얼굴은 주위에 사람들이 모이게 하고 관계성과 친화력에 절대적인 역할을 한다. 돈을 부르는 역할을 한다.

　돈을 부르는 습관은 우리가 흔히 말하는 좋은 습관입니다. 좋은 습관을 들여 뉴플러스 통장을 살찌우기 바랍니다.

　4단계의 뉴플러스 돈 만들기를 지속적으로 하면 당연히 돈이 쌓이게 됩니다. 무엇보다 계속하는 것이 중요한데, 이를 위해 먼저 목표를 세워야 합니다. 먼저 1차 목표로 천만 원 모으기에 도전해 봅시다. 그 목표가 달성되면 다음 단계로 넘어갑니다.

5단계: 종잣돈을 불린다

　최초 투자자금 1천만 원을 모았다면 이제부터는 2차 목표 5천만 원을 세우고 도전해 보는 단계입니다. 이 단계는 모은 종잣돈을 실제로 투자해서 키우는 단계입니다. 1천만 원으로 투자할 수 있는 것은 주식이나 펀드 등의 금융상품이 있습니다. 한편, 제한적이나마 부동산 갭 투자도 가능할 수 있습니다. 이때 가장 먼저 본격적으로 공부도 하고 전문가들의 도움도 받을 것을 권합니다. 세상에 공짜는 없습니다. 투자도 운이라지만 그보다 최선을 다해 노력하는 것이 중요합니다. 그래야 좋은 기회가 왔을 때 놓치지 않고 잡을 수 있습니다.

초기에는 시행착오가 따를 수밖에 없습니다. 하지만 그 또한 필요한 과정입니다. 빚내서 투자하는 것이 아니라 새는 돈을 잡고 푼돈을 모아서 스스로 만든 뉴플러스 돈이니까 그 자체가 아름다운 시도입니다. 이 단계에서 가급적 많은 경험과 노하우를 터득해야 더 큰돈을 불릴 수 있습니다.

6단계: 투자 포트폴리오를 만들어 돈을 키운다

5천만 원이 만들어졌다면 다음 목표는 1억입니다. 종잣돈이 5천만 원이 되었다면 이제 훨씬 많은 투자 대안을 마련할 수 있습니다. 이때는 주식 투자를 하더라도 한 종목에 몰빵하지 말고 여러 종목에 나눠 투자해야 합니다. 이것을 분산 투자라고 합니다. 모든 종목이 동시에 다 오르고 내리는 것이 아니므로 다른 성격의 주식을 섞어 보유하는 것이 안전하게 수익을 올릴 수 있는 방법입니다.

이 단계에서는 다른 금융상품들을 혼합하여 보유하는 것도 고려해야 합니다. 즉 주식뿐만 아니라 채권이나 간접 투자 상품인 펀드 등에도 분산해서 투자하는 것이 필요합니다. 기회가 온다면 소액 부동산 갭 투자나 부동산 경매 등에도 눈을 돌려 볼 필요가 있습니다.

목표 자금 1억이 만들어졌다면 다음 단계는 좀 더 큰 규모의 투자로 진행됩니다.

7단계: 큰돈을 만든다

이 단계는 종합자산 관리 단계로 모든 투자상품과 기법이 동원되어야 합니다. 이때는 부동산 전문가, 주식 전문가, 세무사, 경매 전문가 등 각종 전문가 네트워크를 활용해야 합니다. 한편, 본격적인 투자 단계이므로 거짓 투자 정보들에 노출되기 쉬운 위험이 있습니다. 한 번의 실수가 그동안 공들여 쌓은 탑을 무너뜨릴 수 있으므로 항상 신중하게 장기적인 분산 투자를 해야 합니다. 그러다 보면 큰 기회가 찾아올 날이 있을 것입니다.

지금까지 작은 돈이 크게 성장하는 일련의 과정을 살펴보았습니다. 아주 작은 씨돈과 푼돈이 모여 목돈을 만들고 그것이 종잣돈이 되고 종잣돈으로 불려 큰돈을 만드는 것입니다. 여러분은 현재 1~7단계 중 어느 단계에 있습니까?

오늘 당장 1단계부터 시작해 보세요. 그것이 당신에게 큰돈을 가져오는 시작입니다. 우리 모두 뉴플러스합시다. 마이너스를 마이너스합시다.

8장

돈의 치유

건강한 돈 심리 근육을 키우라

저는 지금까지 상담을 통해 개인적인 문제나 가족 간의 문제 등을 테라피해 왔습니다. 이 상담과 테라피 과정에서 변화되는 많은 사람들을 보면서 보람을 느꼈고 이제는 사명처럼 이 일을 하고 있습니다.

누구나 살다 보면 예기치 않은 사건과 사고를 만나게 됩니다. 이를 잘 극복하는 사람도 있지만 그로 인해 삶이 무너지고 관계가 파괴되는 사람도 많습니다. 지금 문제가 있다고 해서 세상이 끝난 것도 아니고 지금 문제가 없다고 해서 앞으로도 문제가 없으리라는 보장도 없습니다. 우리는 누구나 언제 어디서든 문제를 만날 수 있다는 사실을 인정해야 합니다.

다음에 소개하는 사례는 사실을 바탕으로 구성한 것입니다. 지금 돈 문제로 어려움을 겪고 있다면, 혹은 지금 당장은 아니지만 닥쳐 올 미래가 불안하다면, 치유받고 회복되기를 간절히 바랍니다.

"재무 심리가 저를 살렸어요"

어느 날 한 통의 전화가 걸려왔습니다. 당시 의뢰인은 50대 후반의 여성으로 재혼하여 새로운 인생을 살고 있었습니다. 그녀는 결혼 전부터 돈 문제로 어려움을 겪었고 전 남편과도 돈 문제로 다투고 갈등하다 이혼까지 하게 되었다고 했습니다. 그런데 전 남편과의 사이에 아들이 하나 있는데, 그 아들이 혹시 자신처럼 돈 문제로 힘든 인생을 살까 봐 걱정이 된다고 했습니다. 그동안 심리치료와 정신과 치료도 받아 보고 목사님도 만나 자기 안의 문제가 무엇인지 알아보려 했으나 원인을 알 수 없었다고 합니다. 그러다 우연히 재무 심리라는 단어를 알게 되었고 수소문하여 저를 찾아왔다고 했습니다.

상담을 위해 이분의 재무 심리를 검사한 결과 아래 표와 같이 모험가형, 유아형, 베짱이형, 패자형으로 나타났습니다.

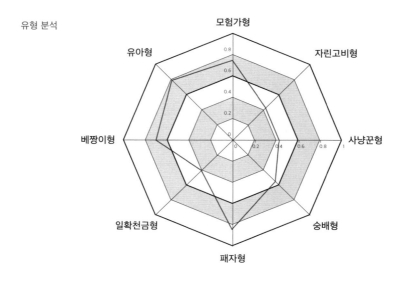

유형 분석

알고 보니 당시에도 이분은 신용불량 상태여서 밤에 잠을 제대로 잘 수 없을 만큼 돈 문제로 고통을 겪고 있었습니다. 그런데 잠자기를 좋아하고 편하게 살고 싶어 하는 성향인 데다 돈이 없어 사고 싶은 것을 못 사면 화가 나고, 돈이 생기면 놀고 여행 가는 데 돈을 쓰는 습관이 상황을 더 악화시키고 있었습니다. 문제가 생기면 동생들한테 손 벌리기 일쑤였고 돈을 많이 벌지 못하는 남편을 원망하는가 하면 항상 쪼들리는 자신의 신세를 한탄했습니다.

이분의 건강하지 못한 재무 심리는 재무 장애를 가져왔습니다. 충동구매, 과소비, 의존성, 퍼주기, 가난의 맹세 등이 동시에 나타나고 있었던 것입니다.

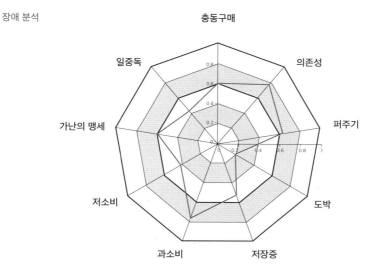

장애 분석

그리고 MSIG 능력 검사는 G(돈 나누는 행동)형으로 나타났습니다. 한마디로 사람만 좋아 퍼주는 유형인 것입니다.

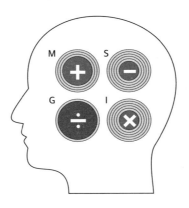

이분이 현재 겪고 있는 돈 문제의 원인이 무엇인 것 같습니까? 운명일까요? 남편을 잘못 만난 까닭일까요?

저는 위의 결과를 가감하지 않고 솔직하게 말해 주었습니다. 그러자 이분이 매우 놀라며 드디어 자기의 내면을 들여다보게 되었습니다. 문제는 자기한테 있는데 그동안 남편 탓하고 동생들 탓하며 늘 불평불만으로 살았다는 것을 알게 되었다고 했습니다. 변화는 여기서부터 시작되었습니다.

"원장님 어떻게 하면 저의 재무 심리를 고칠 수 있나요?"

검사 결과를 통해 자신을 객관적으로 보게 된 이분은 자기 내면을 건강하게 고치고 싶다고 했습니다. 그렇게 1년간 상담과 치료를 했고, 지금은 전혀 다른 삶을 살고 있습니다. 이렇게 말입니다

変化되기 전 | 변화된 후

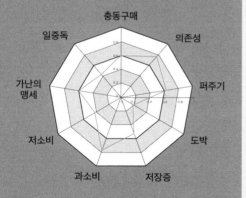

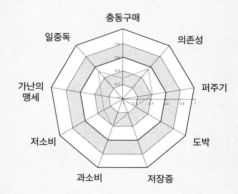

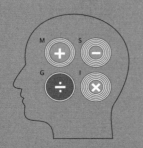

그렇다면 실제 재정 상태는 어떻게 되었을까요?

구분	Before(1년 전)	After(현재)	변화 정도	
수입(+)	70만 원/월	350만 원/월	매월 280만 원	연간 3360만 원
소비(-)	홈쇼핑에 꽂히면 동생 카드나 아니면 동생한 테 졸라서 꼭 사야 할 정도로 홈쇼핑 중독에 시달림. 돈 갚는 데 에 너지를 다 씀	꼭 필요한 것만 사고 월 10 만 원을 충동구매비로 책정 해서 사고 싶은 것을 사는 데 지출함. 지출 목록 중 채 무 하나를 정해 꾸준히 갚아 나가고 있으며 정한 것 이상 은 절대 안 쓰고 있음	매월 100만 원 절약	연간 1200만 원 절약
투자(×)	전혀 생각도 못하고 알 지도 못함	투자에 대한 관심을 갖고 공 부하고 있으며 적은 돈이라 도 주식 투자를 해보려고 함	의식 개선	
나눔(÷)	전혀 하지 못함	적지만 정기 기부를 하고 있음(월 3만 원)	실천	
부채	어김없이 따라다님	여전히 과거의 부채는 있지 만 줄어들고 있음	개선	
기타 재정 상태	항상 돈이 부족해서 빚 정리할 의욕을 잃어버 림. 미래를 위한 준비가 전혀 안 되어 있음	재정 상태 호전 보험도 3개 가입 (실손, 생명, 연금)	개선	

가족 관계	소비 욕구를 채워 주지 못하는 남편을 원망하고, 나아가 이렇게 습관을 들이게 한 부모를 원망함	남편 탓이 아니라 내 탓이라는 걸 깨달으면서 남편한테 미안함. 그래서 더 잘하고 있음	개선
심리 상태	모두 남 탓이고 내 탓은 하나도 없음. 내 소비를 누군가는 꼭 책임져야 한다고 생각함. 세상에 분노함	쓰는 데도 여유가 있음. 빚이 있어도 갚아 나가면 된다는 희망이 생기면서 짜증이 사라짐. 돈을 잘 다스리면서 살고 있음	개선

이 표를 보면 돈 벌고 쓰고 불리고 나누는 4가지 분야에서 모두 개선된 것을 알 수 있습니다. 이 사례를 통해 자신에게 존재하는 재무 심리를 아는 것이 얼마나 중요하며 그것을 고쳤을 때 실제 삶이 얼마나 질적으로 높아지는지 알 수 있었습니다. 아는 것이 중요하고 실천하는 것이 삶을 변화시킵니다.

"사업을 다시 못할 줄 알았어요"

　이 사례는 40대 여성분이 제 책을 읽고 재무 심리 상담을 받고 싶다고 해서 상담과 치료를 한 경우입니다. 이분은 성격이 매우 활달하고 보기 드물게 도전적이며 모험적인 성향을 가지고 있었습니다. 실제로 한때 중소기업을 운영한 경험이 있었습니다. 경기 침체로 한순간에 부도가 나서 모든 것을 잃고 단칸방 신세가 되었습니다. 그토록 열심히 살았건만 어째서 이토록 가난한 신세가 된 것인지 이해할 수 없어 우울증을 앓게 되었고 1년 가까이 집 밖에 나오지 않았다고 했습니다. 이제 딸린 가족을 위해 사업을 다시 시작하고 싶은데 실패가 두려워 감히 일을 벌일 수 없다고 했습니다.
　이분의 당시 재무 심리 검사 결과는 아래와 같습니다.

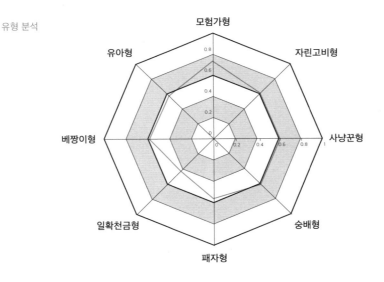

가장 강한 것이 모험가형으로 패자형이 나타난 것은 당시 돈 문제로
힘든 상황을 대변하고 있습니다. 자린고비형은 현재 소비가 불가능한
상황이라 일시적으로 나타났을 뿐 상황이 좋아지면 다시 사라지게 될
가짜 마음입니다. 적극적이고 도전적인 마음도 실패의 경험 때문에 억
눌린 상태입니다. 모험가형은 언젠가 반드시 나타나는 이분의 특별한
속성입니다.

가장 먼저 이분의 위축된 마음을 푸는 게 중요했습니다.

재무 장애는 다음과 같았습니다.

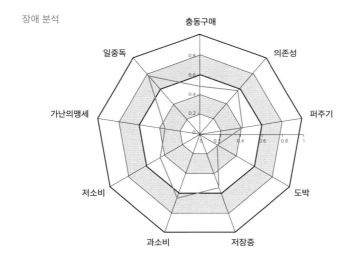

장애 분석

일중독이 가장 심하고 그다음으로 과소비가 나타났습니다. 본성이
워낙 부지런하고 자신과 가정에 소홀할 정도로 열심이 지나친 분이었

8장 돈의 치유

습니다. 자신의 이 같은 성향 때문에 남편과 딸이 상처를 받지 않았을까 걱정되고 미안하다고 했습니다. 그리고 MSIG유형 검사는 다음과 같습니다.

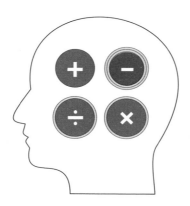

돈 관리가 되지 않아 돈이 모이지 않는 유형으로 나타났습니다. 오로지 사업을 키우고 투자하는 데 올인하는 유형입니다. 이분의 내면에 사업을 키우다 실패할 위험이 내재되어 있었던 것입니다.

저에게 테라피를 받은 결과, 지금은 다시 사업을 시작해 1년 만에 정상화되었습니다. 워낙 인간관계가 좋아서 주변의 도움이 컸던 데다 예전과 달리 매사에 치밀하게 챙기고 각별히 돈 관리에 신경 써서 안정적으로 회사를 운영하고 있습니다.

이분의 개선된 재무 심리는 이렇습니다.

변화되기 전

변화된 후

유형 분석

장애 분석

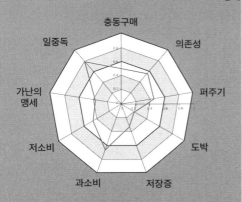

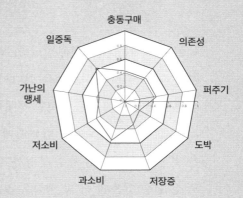

MSIG 유형

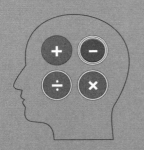

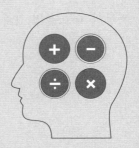

이전에 비해 부자의 마음인 모험가형, 자린고비형, 사냥꾼형, 숭배형이 더 커졌고 특별히 패자형이 사라졌습니다. 돈 문제가 해결되었다는 의미입니다. 그리고 일중독도 줄어들었고 MSIG유형에 이전에 없던 S(-) 즉 돈 관리 능력이 생겼습니다.

"두 번 다시 사업을 못할 줄 알았어요. 덕분에 재기에 성공해서 너무 감사해요."

이분은 두 번 다시 실패를 되풀이하지 않기 위해 지금도 제게 코칭을 받고 있습니다.

"재무 심리 아니었으면 이혼할 뻔했어요"

이번 사례는 40대 부부입니다. 부부는 서로 다른 직업을 가지고 있었는데, 아내는 많은 사람들을 만나서 영업을 하는 직업을 가졌고 남편은 집에서 부업을 하는 소극적인 성격의 사람이었습니다.

문제는 아내가 우겨서 전원주택을 지었는데 그 과정에서 대출을 받은 것 때문에 남편은 자주 불평하고 걱정이 많았습니다. 그 빚은 언제라도 갚을 수 있는데 더 벌 생각은 않고 매번 남 탓하는 남편 때문에 아내는 이혼을 하고 싶었습니다.

부부의 재무 유형 결과를 비교해 보면 다음과 같습니다.

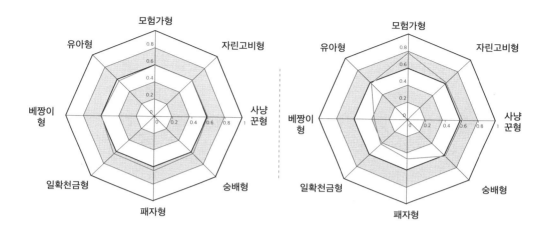

재무 유형에서 보듯, 남편은 베짱이형과 일확천금형이 나타나는 반면, 아내는 전혀 나타나지 않는 아주 건강한 상태입니다. 남편은 쉽고도 빨리 돈 버는 방법을 찾고 있는 반면, 아내는 열심히 착실히 돈을 벌고자 합니다.

남편은 현재 돈 문제로 상당한 스트레스를 받는 패자형이 아주 강하게 나온 반면, 아내는 돈으로 인한 스트레스는 없는 상태입니다. 똑같은 빚을 졌지만 남편은 그 무게가 상당하고 아내는 가벼운 것입니다. 이것은 부의 크기가 아내가 남편보다 훨씬 크기 때문입니다.

여기서 상담 포인트는 서로 비난하는 것이 아니라 '그럴 수밖에 없구나'를 인정하는 것이었습니다. 아내는 '우리 남편이 돈의 마음이 작아 빚의 부담감을 자신보다 훨씬 크게 느낄 수밖에 없구나. 그래서 불안해

8장 돈의 치유

하고 잔소리하고 했던 거구나. 빚의 무게를 견딜 수 없었던 거구나'라고 이해하게 되었고, 남편은 '아내가 아주 건강한 재무 심리를 가져서 돈 버는 것에 항상 자신감이 넘치는구나. 실제로도 그렇게 사니까 남편인 나한테 답답함을 느꼈겠구나'라고 이해하게 되었습니다.

이 부부는 부의 크기와 위험 크기를 비교할 때 아내가 훨씬 건강하기 때문에 아내 위주의 경제를 해야 하지만 대신에 남편의 소극적인 마음을 감싸 주어야 하고, 남편은 아내가 건강하다는 것에 오히려 감사해야 합니다.

재무 장애는 다음과 같습니다

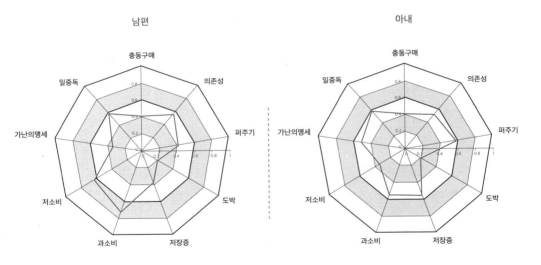

남편은 저소비가 크게 나타나고 있습니다. 빚을 빨리 해결해야 한다는 걱정과 불안감으로 돈을 쓰지 못하는 장애를 나타내고 있습니다. 동시에 과소비도 나타나고 있는데, 이는 수입이 적다 보니 늘 적자라는 것을 나타냅니다. 대신 아내는 아주 건강한 상태로 특별한 장애는 없지만 사람이 좋아 늘 퍼주려는 마음이 있습니다.

이 가정의 경제는 아내가 책임지고 있습니다. 남편은 부업을 하지만 자기 용돈을 쓰기도 부족한 형편입니다. 따라서 남편이 자립해서 가정 경제에 도움을 줄 수 있도록 하는 재무 심리 테라피가 필요했습니다. 그리고 갈등의 원인인 빚을 빨리 해결하는 것이었습니다.

마지막으로 MSIG 검사는 아래와 같습니다.

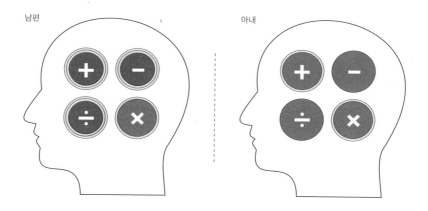

남편은 I형이고 아내는 MSIG형입니다. 즉, 남편은 돈 버는 능력(+)과 돈 관리하는 능력(-)이 부족한 상태입니다. 또한 오직 투자(×)에만 관심이 있고 남을 배려하고 나누는 마음(÷)이 약합니다. 반면에 아내는 돈 버는 능력, 돈 관리 능력, 돈 불리는 능력, 돈 나누는 능력 모두 양호합

8장 돈의 치유

니다.

재무 심리 결과에 따르면, 남편이 아내를 매우 잘 만난 경우입니다. 하지만 남편은 그때까지 아내가 잘못되었다고 생각했습니다. 객관적인 검사 결과를 이해한 뒤 남편은 아내를 인정하게 되었고, 지금은 직장에 들어가 매달 일정한 돈을 벌고 있습니다. 아내는 부부관계가 좋아지니 하던 일이 더 잘되어 이제는 부채 문제를 해결한 상태입니다.

끝으로 저에게 상담을 받은 후 변화된 삶을 나눠 준 50대 주부의 편지를 소개합니다.

"작년 9월 22일부터 시작한 가계부 쓰기가 딱! 1년이 됐네요~ 그동안 몇 차례 쓰다 말다 쓰다 말다를 반복했지만 이번에는 하루도 빠지지 않고 꼬박 손으로 썼어요. 제 53년 생애 최초, 주부 경력 26년 최초예요. 1년간 쓴 6권의 가계부를 보는데 너무 뿌듯하고 저 자신이 대견하게 느껴집니다.

작년 9월에 우연한 기회에 참여하게 된 정우식 박사님의 재무 심리 세미나를 통해 알게 된 저의 재무 심리 진단 결과는? 충동구매, 과소비, 저장증 등의 장애가 있는 것으로 나타났습니다. 대략 알고는 있었지만 눈으로 직접 수치를 보니 충격적이었습니다. 그후 2개월 동안 소그룹 모임에서 다른 분들과 먹마놀 가계부 쓰기를 함께하면서 무계획적인 소비와 지출을 고쳐 나갔습니다. 그리고 믹스 다이어리를 통해 돈 버는 행동과 돈 쓰는 행동, 돈 불리는 행동, 돈 나누는 행동을 반복적으로 점검해 왔습니다.

그 결과 드디어, 최근 수년 동안 반복되던 마이너스 가정경제가 끝이 났습니다~!! 이제 충동구매, 과소비는 스스로 조절할 수 있는 능력이 길러졌습니다. 하지만 아직까지 저장증은 좀 남아 있어서 물건을 쌓아 두고 살지만 점점 좋아지겠죠?

재무 심리를 알게 되어 감사한 마음이 듭니다."

지금까지 저와 함께한 돈의 심리 여행, 어땠나요? 자신을 발견했나요? 무엇을 해야 하는지 알게 되었나요? 기나긴 인생 여정에서 떼려야 뗄 수 없는 돈, 잘 벌고 잘 쓰고 잘 불리고 잘 나누며 살 준비가 되었나요?

지금 당장 돈에 대한 꿈을 디자인하고 그 꿈을 이룰 수 있는 건강한 돈의 마음과 행동 그리고 시스템을 준비해 보세요. 당신도 건강한 부자가 될 수 있습니다. 푼돈이 모여 큰돈이 되는 돈의 성장을 직접 경험할 수 있습니다.

나쁜 돈보다는 건강한 돈, 좋은 돈들이 넘치는 아름다운 세상을 함께 만들어 가길 소원합니다.

이 글을 마치면서 만족보다는 부족함과 염려가 더 느껴집니다. 그것은 이 책을 통해 독자 여러분의 생각에 변화가 일어나고 그것이 행동으로 실천될 수 있을까 하는 노파심 때문입니다. 단순히 몇 줄의 글귀만 기억에 남는 책이 아니라 삶이 변화되는 지침서가 되길 바라는 마음이 커서 그렇습니다.

머리로만 알고 실천하지 않으면 지식만 쌓일 뿐 삶이 변화되기 어렵다는 것은 누구나 아는 일입니다. 지식은 쌓아 두는 것이 아니라 사용하고 실천할 때 지혜로 바뀌게 됩니다. 따라서 이 책이 제시하는 내용들을 반복적으로 실천하고 훈련해서 자신의 것으로 만들기를 바랍니다.

그럼에도 혼자서 몸에 붙은 습관을 변화시키는 것은 아무래도 쉽지 않습니다. 강연을 해보면 많은 분들이 좋은 줄은 알겠는데 혼자서 하기는 어려우니 함께 실천하는 프로그램이 있었으면 좋겠다고 요청하곤 했습니다. 그래서 재무 심리 개선과 행동 코칭을 위한 재무 테라피 세미나와 워크숍을 열었습니다. 다행히 이 프로그램을 통해 많은 분들이 자신의 삶을 바꾸고 있습니다.

저는 요즘 크리스천의 건강한 재정적 삶을 위해 복음경제전도단을

기도로 준비하고 있습니다. 복음경제전도단은 크리스천이 돈을 정복하고 다스리는 건강한 재무 영성을 갖고, 돈을 다루는 역량을 키워서 누림과 나눔을 실천하는 부요한 삶을 살도록 돕고자 합니다. 여러분의 중보기도가 큰 힘이 될 것입니다.

다시 한 번 이 책을 읽어 주신 독자 여러분에게 감사드립니다. 또한 이 책이 나오기까지 수고해 주신 두란노 관계자분들께 감사드립니다. 모든 영광과 찬송을 하나님께 올려 드립니다.

정우식

feedlamb@naver.com
NPTI연구원
복음경제전도단(네이버카페)
힐링하는 재무 테라피(유튜브)
허그머니(앱)

에필로그

부록

재무 심리 유형 검사 KIT

    이 재무 심리 유형 검사 KIT는 독자 여러분을 위해 특별히 제작된 것으로 자신의 심리를 간편하게 점검하는 데 아주 유용한 검사 도구입니다. 단순히 여러분의 마음을 조금 알아보는 수준으로 설계되어 있습니다. 정밀한 검사를 위해서는 반드시 NPTI 재무 심리 종합 검사를 해보고 전문가(CFT)와 상담해 보시기 바랍니다 .

___ 검사 요령
    다음 진단지에서 각 유형(A~H)의 성향을 읽고 자신에게 해당되는 경우 오른쪽 빈칸에 체크(V) 하세요.

유형	성향	
A	나는 남에게 지기 싫어한다.	☐
	나는 다른 사람들로부터 추진력이 강하다는 소리를 듣는다.	☐
	나는 새로운 일에 도전하는 것을 두려워하지 않는다.	☐
	나는 어떤 조직이나 모임에도 리더가 되길 원한다.	☐
	나는 큰돈을 벌고 싶다.	☐
B	나는 돈 쓰는 것을 싫어한다.	☐
	나는 돈 모으는 재미에 빠져 있다.	☐
	돈을 절약하기 위해 때로는 끼니를 거를 수도 있다.	☐
	나는 남들에게 돈을 기부하거나 빌려주지 않는다.	☐
	나는 물건이 사용하기에 불편하지 않으면 바꾸지 않는다.	☐
C	나는 투자로 돈을 버는 것은 정보의 싸움이라고 생각한다.	☐
	나는 항상 좋은 투자처를 찾고 있다.	☐
	나는 현재 주식투자를 하고 있거나 앞으로 할 생각이다.	☐
	나는 본능적으로 투자 감각이 있다.	☐
	나는 재테크나 투자 등에 대해 잘 알고 있다.	☐
D	돈은 인생에서 제일 중요하다.	☐
	돈을 벌기 위해서라면 무슨 일이든 할 수 있다.	☐
	돈으로 모든 일을 해결할 수 있다고 생각한다.	☐
	나는 돈이 나를 지켜 줄 것이라고 생각한다.	☐
	나는 현실적으로 돈의 위력이 신(神)보다 더 강한 것 같다.	☐

E	나는 매일 돈에 끌려다니는 인생을 살고 있다.	☐
	나는 빚에 쪼들려 살고 있다.	☐
	나는 현재 돈 문제로 불면증과 우울증에 시달리고 있다.	☐
	나는 돈 문제로 인해 삶의 소망을 잃어버렸다.	☐
	나의 가정은 경제문제로 심각한 고통을 받고 있다.	☐
F	나는 로또나 복권을 산다.	☐
	나는 큰 수익이 나는 벤처 사업에 관심이 많다.	☐
	나는 운이 좋으면 큰돈을 벌 수 있다고 생각한다.	☐
	나는 빨리 큰돈을 벌 수 있는 것에 관심이 많다.	☐
	나는 인생은 한 방이라고 생각한다.	☐
G	나는 일하기보다는 노는 것을 좋아한다.	☐
	나는 빨리 돈을 벌어 편하게 살고 싶다.	☐
	나는 힘든 일보다 편한 일을 하면서 돈을 벌고 싶다.	☐
	나는 내가 직접 하기보다는 남을 시키거나 말로 한다.	☐
	나는 할 수 있다면 남이 다 해놓은 일에 묻어 가는 것도 능력이라고 생각한다.	☐
H	나의 부모와 형제/친구는 내가 금전적으로 힘들 때 도와줄 것이라고 믿는다.	☐
	나는 틈만 나면 무엇을 하면서 재미 있게 시간을 보낼까 하는 생각을 한다.	☐
	나는 미래의 행복보다 현재의 행복이 더 중요하다고 생각한다.	☐
	나는 세상이 너무 좋고 행복한 곳이라고 생각한다.	☐
	나는 돈의 어려움 없이 살아왔다.	☐

2. 아래 표에 각 분야별로 체크한 개수를 적어 보세요.

A(모험가형)	B(자린고비형)	C(사냥꾼형)	D(숭배형)

E(패자형)	F(일확천금형)	G(베짱이형)	H(유아형)

참고로 검사지에 A, B, C, D, E, F, G, H로 표시된 유형은 아래와 같습니다.

A=모험가형, B=자린고비형, C=사냥꾼형, D=숭배형
E=패자형, F=일확천금형, G=베짱이형, H=유아형

3. 재무 심리 다이어그램

자신의 각 유형(A~H)별 해당 숫자를 다음 '재무 심리 다이어그램'에 큰 점으로 표시하고 각 점들을 선으로 이어 보세요.

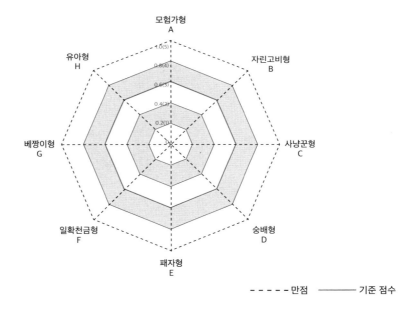

- - - - - 만점   ———— 기준 점수

4. 위 유형 중 해당되는 성향의 개수가 3개 이상인 것만 나열하여 아래 문장을 완성해 보세요.

나는 _____형입니다.

(전부 3개 미만이면 무념형이고, 반대로 모든 유형이 3개 이상이면 무차별형입니다.)

MSIG 행동 유형 검사

돈에 대한 4가지 마음, 즉 돈 버는 능력(M), 돈 쓰는 능력(S), 돈 불리는 능력(I), 돈 나누는 능력(G)을 합쳐서 MSIG 능력이라고 이름을 붙였습니다. MSIG 행동 유형 검사를 통해 자신은 어떤 능력이 가장 강하고 약한지, 또 어떤 재무 장애가 있는지 등을 간편하게 점검할 수 있습니다.

__ 검사 요령

1. 아래 검사지에서 각 분야 질문 내용 중 자신에게 해당되는 경우 오른쪽 빈칸에 체크(∨) 하세요.

유형	성향	
M	나는 남들로부터 근면 성실한 사람이라는 말을 자주 듣는다.	☐
	나는 돈을 벌기 위해서는 자존심은 필요 없다고 생각한다.	☐
	나는 무엇이든 남보다 잘해야 직성이 풀린다.	☐
	내 인생에 포기는 없다. 끝까지 물고 늘어진다.	☐
	나는 남들로부터 에너지가 넘친다는 이야기를 항상 듣는다.	☐

S	나는 인생의 단기, 중기, 장기적인 재무 목표를 구체적으로 세워 놓고 있다.	☐
	나는 매월 수입과 지출 계획을 세운다.	☐
	나는 가계부를 사용하고 있다.	☐
	나는 신용등급이 양호하다.	☐
	나는 매월 흑자 경제를 살고 있다.	☐
I	나는 현재 주식이나 펀드, 부동산 등에 투자하고 있다.	☐
	나는 금융 경제나 부동산 투자 환경의 변화를 잘 파악하고 있다.	☐
	나는 재테크나 투자 관련 공부를 계속하고 있다.	☐
	나는 투자하면 수익을 잘 내는 편이다.	☐
	나는 투자 관련 분야 전문가의 의견을 구하고 소통을 자주 한다.	☐
G	나는 정기적으로 기부하고 있다.	☐
	나는 주위의 어려운 사람들을 보면 그냥 지나치지 않고 도와준다.	☐
	나는 수입의 5% 이상을 남을 돕는 데 사용한다.	☐
	나는 남에게 선물을 자주 하고 나누어 주기를 좋아한다.	☐
	나는 나보다는 남을 먼저 배려하고 양보를 잘한다.	☐

2. 아래 표에 각 분야별로 체크한 개수를 적어 보세요. 3개 이상 되는 곳에는 O를 표기하세요.

M	S	I	G

참고로 M=돈 버는 능력(+), S=돈 쓰는 능력(-), I=돈 불리는 능력(×), G=돈 나누는 능력(÷)을 나타냅니다.

3. 당신의 MSIG유형은 O가 표시된 것을 연결시킨 것입니다. 예를 들어 4가지 분야 모두가 O이면 MSIG형이고, M 하나만 O이면 M형, M, I, G 3개 분야가 O이면 MIG형, O가 하나도 없으면 NONE형이 됩니다.

자, 그러면 아래 문장을 완성해 보세요.

나는 _____형입니다.

___ MSIG 16가지 행동 유형

돈에 대한 4가지 능력에 따라 16가지 유형으로 나눌 수 있습니다. 여러분은 어느 유형입니까?

MSIG	MSI	MSG	SIG
MIG	MG	MS	MI
SI	SG	IG	S
M	I	G	NONE

1. MSIG형: 아름다운 부자

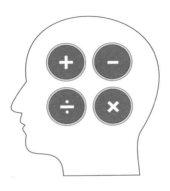

당신은 아름다운 부자입니다. 이 유형은 돈을 벌고 쓰고 불리고 나누는 4가지 마음이 다 건강한 사람입니다. 그래서 돈을 버는 데 적극적이고 번 돈은 체계적으로 관리하여 미래를 위해 저축하거나 적절히 투자하여 불리고 적은 돈이라도 나누며 살고 있습니다.

처방
당신은 소득이 크고 안정적이므로 자만하지 말고 하는 일에 항상 실력을 키우고 환경 변화에 발빠르게 대처해서 마르지 않는 샘이 될 수 있도록 하십시오. 그러면 건강한 부자로 살 수 있습니다.

2. MSI형: 나 홀로 부자형

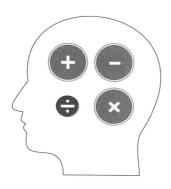

당신은 자신의 창고만 채우는 나 홀로 부자입니다. 이 유형은 돈을 벌고 돈을 쓰고 돈을 불리는 마음은 건강한데, 다만 나누는 마음이 건강하지 않습니다. 그래서 자신이 원하는 돈을 얻을 수는 있으나 남을 배려하거나 나누는 것이 없어 주위로부터 이기적이라는 말을 듣기 쉽습니다.

처방
돈을 조금씩 흘려보내 주세요. 커피 한 잔이나 밥 한 끼 사기. 단돈 1만 원의 정기 기부로 시작해서 나눔을 차츰 넓혀 보세요. 그러면 감사하는 마음이 커지고 가정이 더욱 행복해질 겁니다.

3. MSG형: 따뜻한 사람

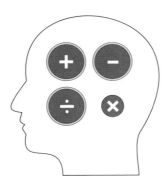

당신은 안정적인 삶을 추구하는 따뜻한 사람입니다. 당신은 근면 성실하여 일이나 사업에서 성과를 내고 있으며, 근검 절약하는 생활을 하고, 돈이 생기면 위험한 투자보다는 안정적인 저축을 선호하는 사람입니다. 작은 것이라도 나눌 줄 아는 마음이 따뜻한 사람입니다.

처방
돈 불리는 마음을 키워 돈이 돈을 벌 수 있도록 하십시오. 재테크나 투자 공부를 해보고 장기적으로 안정적인 투자를 시도해 보십시오. 투자하지 않고 저금리 저축으로는 재산을 늘릴 수도 없고 남을 돕고 싶어도 많이 나눌 수 없습니다.

4. SIG형: 주어진 것을 관리하고 불리는 사람

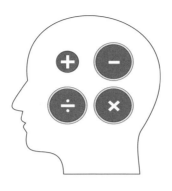

당신은 주어진 것을 관리하고 불리는 스타일입니다. 조직이나 일에서 적극적으로 리드하기보다는 조용히 따라가며 주어진 수입으로 근검 절약하는 생활을 하고, 투자를 통해 재산을 증식하려고 노력합니다. 또한 나누고 베풀 줄도 아는 따뜻한 사람입니다.

처방

근면 성실, 친화력, 끈기 등이 있으나 도전의식, 셈 등이 약하므로 이 부분을 키우면 좋겠습니다. 그리고 정의와 도덕적인 잣대가 너무 엄격하지 않은지 점검해 보시고 법이 허용하는 범위에서 돈 버는 기회를 놓치지 않으려는 마음이 필요합니다.

5. MIG형: 금이 간 큰 항아리 유형

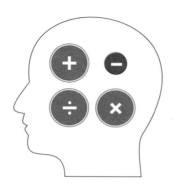

당신은 돈을 벌어 투자하여 부자가 되고 싶은 사람입니다. 인간관계도 중시해서 통이 큰 사람입니다. 하지만 마치 금이 간 물 항아리처럼 아무리 많은 물을 넣어도 새나가 버립니다. 그래서 항상 더 버는 데 관심이 집중되어 있습니다.

처방

당신 항아리에 물이 새지 않도록 즉시 금이 간 부분을 때워야 합니다. 그렇지 않으면 경제문제로 힘들어질 것입니다. 돈 쓰는 마음을 건강하게 해야 합니다. 하고 싶지 않고 힘들게 느껴지더라도 가계부를 적어 보고 항상 목표와 계획을 세워 돈을 소비해야 합니다.

6. MG형: 실속이 없는 사람

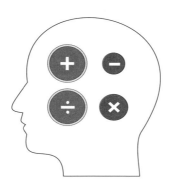

당신은 돈 버는 데 적극적이고 매사에 열심이며 나눠 주기를 좋아하는 사람입니다. 그래서 시원시원하다, 사람 좋다는 말을 많이 듣지만, 정작 자신이 경제적으로 어려움을 겪을 수 있습니다. 즉흥적이고 세밀하지 못해 충동구매, 과소비, 퍼주기를 많이 합니다.

처방
당신은 돈 쓰는 마음과 돈 불리는 마음을 키워야 합니다. 그래야 당신의 경제가 안정되고 미래가 있습니다. 하루라도 빨리 개선해야 돈의 수렁에 빠지지 않습니다.

7. MS형: 열심히 벌어 안전한 저축만 하는 사람

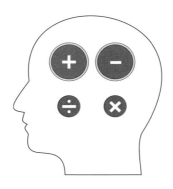

당신은 돈을 벌어 헛되이 쓰지 않고 모으려는 사람입니다. 열심히 돈을 벌어 안전한 저축만 합니다. 투자는 여력이 없거나 생각이 없어 하지 못하고 있습니다. 남들에게 나누지도 못하는 상태입니다. 현재는 큰 부자가 될 수 없는 마음으로 세팅되어 있습니다.

처방
수입을 최대한 키워 투자 여력을 만들어 돈을 불려야 합니다. 또한 사람들에게 아주 작은 나눔이라도 해보시기 바랍니다. 나눔은 많이 가 아니라 나누고자 하는 마음입니다. 커피 한 잔이면 충분합니다.

8. MI형: 과감하게 투자하는 사람

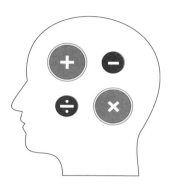

당신은 공격적 투자를 하고 일을 벌이는 유형입니다. 당신의
마음은 오직 돈 버는 마음과 돈 불리는 마음만 강하여 큰돈 벌
려고 사업이나 투자를 과감히 합니다. 하지만 돈 쓰는 마음이
건강하지 못해 관리가 되지 않아 실패의 위험이 큽니다. 그리
고 나누는 마음이 없어 평소에 사람들을 챙기지도 못하고 베
풀지도 않습니다. 그러면 어려움을 겪게 되었을 때 누구한테도
도움을 받지 못할 수 있습니다.

처방
당신은 사업 실패, 투자 실패의 위험이 있으므로 철저한 위험관리
를 해야 합니다. 먼저 돈 쓰는 마음을 키우십시오. 그리고 위험을 체
계적으로 관리할 수 있도록 일을 분담하십시오. 당신에게는 세심하
게 일을 챙기는 돈 쓰는 마음이 건강한 사람이 필요합니다. 또한 작
은 것이라도 남들과 나누며 사는 노력이 필요합니다.

9. SI형: 재테크로 수익을 보는 사람

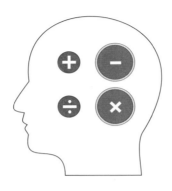

당신은 주위에서 재테크 좀 한다는 소리를 듣는 사람입니다. 당신은 돈을 버는 것보다 저축과 투자에 집중하는 직장인 재테크 유형입니다. 무리한 투자가 아니라 스스로 정해 놓은 범위 내에서 돈을 관리하며 재테크 등을 통해 수익을 보는 사람입니다.

처방
돈 버는 마음을 키워 항상 더 많은 수입을 얻는 방법을 찾고 노력해야 합니다. 또한 돈 나누는 마음을 키워 적게라도 남을 위해 돈을 쓸 줄 알아야 합니다.

10. SG형: 큰 욕심 없이 성실히 살아가는 사람

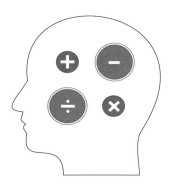

당신은 큰 욕심 없이 성실히 살아가는 사람입니다. 크게 돈 벌려는 마음은 없지만 헛되이 돈 쓰지 않고 안전하게 저축하고 작은 것이라도 남들과 나누려는 따뜻한 마음을 가진 사람입니다.

처방

수입이 적으니 무조건 아끼자는 것으로는 살아가기 힘든 세상입니다. 돈 버는 마음을 키워 좀 더 수입을 늘리고 돈 불리는 마음을 건강하게 하여 돈이 불어나도록 해야 합니다. 모든 것은 당신의 마음먹기에 달렸습니다.

11. IG형: 투자로 부자가 되고 싶은 사람

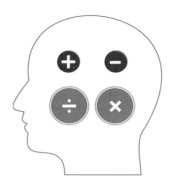

당신은 투자로 부자가 되고 싶어 하는 사람입니다. 당신은 돈 불리려는 마음과 돈 나누는 마음만 강하고 돈 버는 마음과 돈 쓰는 마음이 건강하지 않습니다. 그래서 돈 관리가 되지 않고 새고 있습니다. 열심히 일해서 돈 벌려는 마음이 부족하고 오직 투자로 돈을 키우려 해서 투자 실패의 위험이 크며 궁극에는 돈 문제를 일으킬 위험이 매우 큽니다.

처방

하루빨리 돈이 새지 않도록 돈 쓰는 마음을 키워야 합니다. 이 마음이 강해지면 위험이 줄어듭니다. 그리고 일이나 사업을 통해 소득을 키우려는 의지 즉 돈 버는 마음을 키워 수입이 안정적이고 커질 수 있도록 해야 합니다.

12. S형: 자린고비형

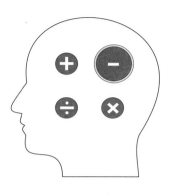

당신은 돈 안 쓰고 오직 저축만 하는 자린고비형입니다. 당신은 오직 돈 쓰는 마음만 건강하여 가급적 돈을 쓰지 않고 안전하게 모으려고만 합니다. 부자로 살기 어려운 유형으로 당신은 미래에 대해 불안해하고 걱정하고 있습니다.

처방
아끼는 것만으로는 한평생 풍요롭게 살 수 없습니다. 이런 상태의 마음으로 살면 삶이 강퍅해집니다. 좀 더 돈 버는 마음을 키워 수입을 늘려야 하고 돈 불리는 마음을 키워 적더라도 돈을 불려 나가야 합니다. 그리고 작은 나눔을 실천하여 인간관계를 넓혀야 합니다.

13. M형: 돈 버는 데만 직진하는 사람

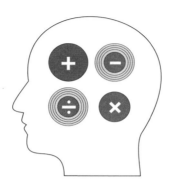

당신은 오직 사업과 영업 중심의 직진형 사람입니다. 돈 버는 마음이 강하여 소득이나 매출 창출에 주력하는 반면, 돈 관리와 투자에는 관심이 없습니다. 그래서 돈은 벌지만 어디에 썼는지 모르게 새어 나갑니다. 그리고 남들과 협력하기보다 혼자서 다하다 보니 외로울 수 있습니다.

처방

돈을 많이 벌면 된다. 혹은 사업만 성공하면 된다는 생각은 균형 잡힌 마음이 아니고 위험에 노출된 마음입니다. 시급히 보완하지 않으면 문제가 발생할 것입니다. 이미 문제가 터졌을 가능성도 큽니다. 이제부터라도 돈 관리를 위해 돈 쓰는 마음과 돈 불리는 마음을 키워 투자를 통해 돈을 불리십시오. 또 나누는 마음을 키워 혼자가 아닌 더불어 살아가는 삶을 살 수 있도록 해야 합니다.

14. I형: 투자에 올인하는 사냥꾼

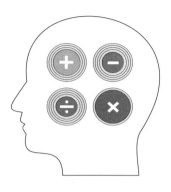

당신은 오직 투자에 올인하는 사냥꾼입니다. 돈 버는 마음이 약하고 돈 쓰는 마음이 건강하지 못합니다. 일해서 돈을 벌고 근검 절약하기보다 오직 투자로 큰돈을 벌려는 사람입니다. 나누는 것도 생각하지 못합니다. 있는 돈도 새어 나가고 투자 실패 위험까지 농후해 주위에 사람이 없습니다.

처방

인생은 한 방이 아닙니다. 돈 버는 마음을 키워 열심히 일하며 돈 쓰는 마음을 건강하게 하여 돈이 헛되이 새나가지 않도록 하십시오. 그리고 서로 나누며 더불어 살아갈 수 있도록 작은 나눔도 실천하기 바랍니다.

15. G형: 기부천사

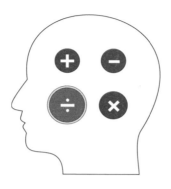

당신은 기부천사입니다. 당신의 마음에는 남을 위한 기부나 헌신, 섬김의 마음이 가득합니다. 사람을 널리 사랑하는 좋은 사람이지만, 현실적으로는 돈 때문에 어려움을 겪게 됩니다. 가진 돈이 많다면 다행이지만, 그렇지 않다면 치열한 경쟁에서 생존해야 하는 현대인에게는 적절하지 않은 돈에 대한 마음 상태입니다.

처방

자신과 가정을 먼저 세우십시오. 그리고 당신의 나눔이 의미 없는 퍼주기가 되지 않도록 하십시오. 퍼주기는 결국 자신에게도 그리고 도움을 받는 사람에게도 득이 되지 않습니다. 당장 돈 버는 마음과 돈 쓰는 마음 그리고 돈 불리는 마음을 정비하여 건강한 생각들을 하나씩 하나씩 채워 나가기 바랍니다.

16. NONE형: 무기력형

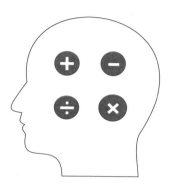

당신은 돈에 대해 무기력한 사람입니다. 돈 버는 능력, 돈 쓰는 능력, 돈 불리는 능력, 돈 나누는 능력 모두가 약합니다. 한마디로 아무 생각 없이 살아간다고 할 수 있습니다. 현실 감각이 전혀 없습니다. 자신뿐만 아니라 가족이나 주변 사람들에게 짐이될 수 있습니다. 현재 돈에 대한 마음 상태로는 돈을 벌고 쓰고 불리고 나누는 모든 것이 원활하지 않아 돈 문제에 허덕이거나곧 문제에 빠지게 됩니다.

처방
시급히 자신의 마음을 고쳐야 합니다. 돈은 우리 삶에서 필수입니다. 우선 돈을 벌려는 마음과 돈을 아끼려는 마음부터 세워야 합니다. 그다음 돈을 불리고 나누는 마음까지도 돌아보아야 합니다. 만약 당신이 자녀를 가진 부모라면 당장에 이 마음 자세를 바꿔야 합니다. 자녀는 아름다운 부자로 살아야 하니까요. 특별히 전문가의도움을 받아 마음 치료를 해볼 것을 권합니다.